A INTELIGÊNCIA APRISIONADA

ABORDAGEM PSICOPEDAGÓGICA
CLÍNICA DA CRIANÇA E SUA FAMÍLIA

Aviso ao leitor

A capa original deste livro foi substituída por esta nova versão. Alertamos para o fato de que o conteúdo é o mesmo e que esta nova versão da capa decorre da alteração da razão social desta editora e da atualização da linha de *design* da nossa já consagrada qualidade editorial.

F361i   Fernández, Alicia
            A inteligência aprisionada / Alicia Fernández ; tradução Iara Rodrigues. – Porto Alegre : Artmed, 1991.
            261 p. ; 23 cm.

    ISBN 978-85-7307-701-8

    CDU: 37.01382

Índices para o catálogo sistemático:

Pedagogia terapêutica   37.013.82
Pedagogia da aprendizagem   159.953.5

Ficha catalográfica por Carla P. de M. Pires – CRB 10/753

ALICIA FERNÁNDEZ

A INTELIGÊNCIA APRISIONADA

ABORDAGEM PSICOPEDAGÓGICA
CLÍNICA DA CRIANÇA E SUA FAMÍLIA

Tradução:
Iara Rodrigues

Supervisão e revisão técnica da tradução:
Maria Carmen Silveira Barbosa
Mestre em Educação. Psicopedagoga.

Reimpressão 2014

1991

Obra originalmente publicada sob o título:
LA INTELIGENCIA ATRAPADA – Abordaje psicopedagógico clínico del niño y su familia.

© 1987 por Ediciones Nueva Visión SAIC

Capa: Mário Röhnelt

Supervisão editorial: Mônica Ballejo Canto

Editoração eletrônica: VS Digital

Reservados todos os direitos de publicação, em língua portuguesa, à
ARTMED® EDITORA S.A. - Av. Jerônimo de Ornelas, 670 - Santana
90040-340 Porto Alegre RS
Fone (51) 3027-7000 Fax (51) 3027-7070

É proibida a duplicação ou reprodução deste volume, no todo ou em parte, sob quaisquer formas ou por quaisquer meios (eletrônico, mecânico, gravação, fotocópia, distribuição na Web e outros), sem permissão expressa da Editora.

SÃO PAULO
Av. Embaixador Macedo Soares, 10.735 - Pavilhão 5 - Cond. Espace Center
Vila Anastácio 05095-035 São Paulo SP
Fone (11) 3665-1100 Fax (11) 3667-1333

SAC 0800 703-3444

IMPRESSO NO BRASIL
PRINTED IN BRAZIL

*À Mariana, a quem não pude conhecer
e a tantas outras crianças que, como ela, sabem,
ainda que não conheçam a verdade,
para que um dia tenhamos coragem
de devolver-lhes o conhecimento.*
1987

*À Mariana, a quem conheço com alegria,
e a tantos outros adolescentes que, como ela,
sabem – o saber pode tomar forma de poesia –
e que têm o valor de construir conhecimento,
devolvendo-nos parte de nossa história perdida.
Já chegou o dia...*
1999

Amália

Nota da Tradutora:

Após discussão com a autora, concluímos não haver, em Português, nenhuma palavra com significado correspondente a "atrapada" em espanhol. Encontramos algumas palavras com sentido aproximado, tais como aprisionada, capturada, bloqueada, enclausurada, encapsulada. Assim, no texto, por recomendação da autora, manteremos a palavra em espanhol; no título do livro usamos a palavra **aprisionada**, *já consagrada como denominação de cursos que a autora deu em nosso país. Pelo mesmo motivo usaremos os neologismos* **ensinante** *e* **aprendente**.

SUMÁRIO

Agradecimentos 9

Prólogo I... 11

Prólogo II 12

Introdução 13

Primeira parte
Um olhar clínico sobre a aprendizagem e suas fraturas

1. Da hiperacomodação ao aprender..23
2. Especificidade do diagnóstico psicopedagógico................................37
3. Sobre a teoria psicopedagógica 47
4. Lugar do corpo no aprender..57
5. Lugar da inteligência e do desejo na aprendizagem 67
6. O fracasso na aprendizagem..81
7. Família e aprendizagem..91
8. Modalidade de aprendizagem..107

Segunda parte
DIFAJ (Diagnóstico Interdisciplinar Familiar de Aprendizagem em uma Jornada)

9. Olhar e escuta psicopedagógica 124
10. Motivo de consulta 139
11. Entrevista com a família sem o paciente 155
12. Hora de jogo pscicopedagógico. Espaço para jogar –
    Espaço para aprender 165
13. Reconstrução da história da criança através dos pais 181
14. Os testes e a clínica
    Jorge Gonçalves da Cruz 191
15. Intervenção da cognição nos testes projetivos 219
16. Devolução 229

Apêndice
Gabriela: "Não lhe fica" 235

Apêndice II
Amália, a pomba que não deixaram voar 251

AGRADECIMENTOS

Em primeiro lugar, desejo expressar minha gratidão à equipe de psicopedagogos, psicólogos e pediatras que formam o Centro de Aprendizagem do Hospital Nacional Professor Alejandro Posadas, os quais sustentam, com sua atividade, suas ideias e seu entusiasmo, o conjunto das questões que exponho no presente livro.

À licenciada Alicia Renedo, pelo apoio recebido para que esta obra se concretizasse.

Às minhas companheiras de trabalho Maria Angélica Fontán, Elsa Scanio, Liliana Bin, Irma Lamino, Mansa Factorovich, Graciela Holland, Graciela Viturro e Susana Pafundi.

À Seção de Neurologia Infantil, assim como à Chefia do Departamento Materno-Infantil e à Direção do Hospital Nacional Professor Alejandro Posadas, que nos cederam um espaço de trabalho, onde pudemos desenvolver nossa atividade com liberdade e em um constante intercâmbio interdisciplinar.

Às psicopedagogas Liliana Fonseca, Marta Caballero, Teresita Cetkovich, Olga Grillo, Maria Susana Tocalino e Viviana Ponte.

Ao licenciado Alberto Gatti, com quem divido a Cátedra de Clínica Psicopedagógica na Faculdade de Psicopedagogia da Universidad del Salvador (Buenos Aires).

E, muito especialmente, àqueles psicopedagogos e psicólogos que, atrevendo-se a serem meus pacientes, concederam-me sua confiança e dividem comigo seus espaços de jogo, aprendizagem, trabalho e dor. Com eles aprendi que meus próprios problemas de aprendizagem podiam transformar-se em espaços de criatividade.

Atualmente, não atuo mais no Hospital Posadas, nem na Universidad del Salvador, mas muitas outras instituições de saúde e educação da Argentina, do Brasil, do Uruguai e da Espanha estão desenvolvendo e ampliando as ideias aqui expostas. Muito me ensinaram e quero agradecer a todos por manterem vivas minhas palavras.

Aqueles que desejarem estabelecer contato comigo podem fazê-lo pelo e-mail aliciafernandez@movi.com.ar

A.F. 1999

PRÓLOGO I

Passo a palavra à Mariana:

MANCHÕES DE LEMBRANÇAS

I

Como pode a memória
apagar a nostalgia
que rasga pedaço a pedaço o
monumento insólito
da esperança sem sentido.

Como pode a noite
perdurar na alma do novo dia
sem estremecer os ossos do
corpo frágil e inerte
de um amor esquecido
no tempo...

II

Já não me restam
lugares de alma
para onde ir
somente sombras que
atormentam são
a companhia de minhas horas
sem tempos nem espaços
Somente silêncios solitários
procurando os restos
cadavéricos da esperança
que adolesce desesperançada.

III

Manchões de lembranças
exploradoras lembranças
do passado quase ausente
na mente cotidiana.

Manchões que entorpecem
o sorriso forçado
que retarda a tristeza
manifesta no coração.

Manchões macabros
Que ressuscitam na memória
dos que já viajaram
rumo à imortalidade.

Manchões gloriosos
que gritam por sua ressurreição,
que sustentam
a única forma de assumir o futuro
levando-os em carne viva
e com a testa para o alto.

Mariana – H.I.J.O.S. Córdoba

PRÓLOGO II

Admitir que a inteligência pode ser atrapada *é defini-la dentro de uma teoria pluralista do funcionamento mental. Com efeito, para que os mecanismos de um sistema possam ser neutralizados, outro sistema deve ser capaz de proceder, no pensamento, a essa redução. Não se trata, sem dúvida, de recorrer às dicotomias clássicas que separam o inconsciente da consciência, a percepção da efetividade ou o "eu" das pulsões, senão de realçar, no âmbito comum da produtividade inconsciente, a profunda cisão que existe entre a dimensão cognitiva, objetivante e lógica, e a dimensão simbólica, subjetivante e dramática.*

É neste último âmbito que o funcionamento orgânico paga tributo à metáfora histérica: o braço paralisado, segundo Freud, trata de deter o tempo com a insistência de seu gesto imóvel. Do mesmo modo, as operações inteligentes caem no engodo das equivalências simbólicas, perdendo, assim, sua capacidade específica de construir a realidade, para passar a transvestir o desejo de um impossível saber. O transtorno de aprendizagem é, então, sintoma.

Este livro não trata nem de estabelecer teoria nem de ditar normas: sua autora realiza, de uma bela maneira e sem preconceitos, a crônica reflexiva de experiências que partem da psicopedagogia clínica, para voltar a ela enriquecidas. A descrição dinâmica dos aspectos institucionais, familiares e subjetivos permite seguir de perto o processo terapêutico, estimulando o leitor, documentando mediante exemplos concretos, a participar ativamente da elaboração das conclusões.

Sara Paín

INTRODUÇÃO

Uma das razões que me levaram a escrever este livro relaciona-se com minhas dificuldades para escrever.

Tenho muitas interpretações, algumas provavelmente certas, sobre esta dificuldade – medo de que se apossem do produto de meu trabalho ou que este deixe de ser meu, de que me destruam, julgando-me pelo que sinto e penso, de que me critiquem, que me ignorem, de que me tomem pelo que disse, ou pelo que concluam do que eu disse (como se eu fosse somente isso), de que vejam meus erros, de que notem como me é difícil escrever... poderia continuar, mas prefiro colocá-las em um espaço transicional, brincar com elas, crer e não crer (se somente acreditasse nunca poderia escrever), para dar a conhecer algo do que penso e faço com muita gente que estimo, e graças a muita gente, das quais sinto-me parte, como filha, como mãe ou como irmã.

Decidi organizar meu texto a partir da experiência do DIFAJ (Diagnóstico Interdisciplinar Familiar de Aprendizagem em uma só Jornada), e de maneira alguma por um desejo de começar do início, já que, ao contrário, penso às vezes que, na formação do psicoterapeuta, a aprendizagem do diagnóstico deveria estar incluída nos últimos momentos, assim como a tarefa diagnóstica nas instituições deveria estar a cargo dos profissionais com maior experiência. Além do mais, se levarmos em conta a sequência real que se dá no vínculo terapêutico, só é possível chegar a um diagnóstico ao final do tratamento.

O DIFAJ, como modelo de um primeiro encontro terapêutico, é um bom "mostrador" de nossa posição, já que acentua situações como trabalho interdisciplinar, família, grupo, escola, prevenção, espaço de confiança, inserção institucional.

Como surge o DIFAJ?

Em uma manhã fria e úmida de 1983, logo após enfrentar uma multidão de pacientes – sem dúvida alguma extremamente pacientes – no Hospital de Morón, cheguei ao subsolo da Psicopatologia, onde um grupo de psicopedagogos preocupados juntamente com seus companheiros psicólogos e psiquiatras do Serviço, esperavam-me para que os ajudasse a replanejar as modalidades de admissão. Há vários anos eu vinha supervisionando a parte psicopedagógica do Hospital, porém nunca me havia ocorrido perguntar como os pacientes chegavam a ser atendidos, ou o que sucedia antes da primeira entrevista.

Somente naquela ocasião ouvi algo que, logo comprovei, vinha acontecendo em muitos hospitais da grande Buenos Aires. As crianças que exigiam atenção psicopatológica, chegavam às 3 ou 4 da manhã, e permaneciam na intempérie em longa espera, até a obtenção de um horário para a admissão. Em seguida, se se tratava de uma criança com provável problema de aprendizagem, era chamada novamente para fazer um longo diagnóstico, a partir do qual muito provavelmente passava a engrossar a lista de espera para iniciar tratamento.

Lembro que perguntei quanto duravam os processos diagnósticos e descobri que muitos haviam se estendido durante 4 ou 5 meses. Em outros hospitais, comprovamos depois, alguns pacientes permaneciam em diagnóstico até 6 meses ou um ano. Alarmante extensão que respondia às vezes pela ausência dos pacientes e, outras, pela dos profissionais às entrevistas, o que tornava muito difícil as novas chamadas. Por outro lado, na maioria dos casos, os pacientes contavam com um orçamento mensal que não lhes permitia mais de um ou dois deslocamentos por mês ao hospital. Em consequência disso, o número de deserções durante o processo era elevadíssimo, superando, em alguns setores, 30%. Além disso, muitas crianças que concluíam o processo de diagnóstico, perdiam-se no longo tempo da lista de espera.

Se o problema de aprendizagem supõe uma escotomização da possibilidade de perguntar e questionar, por considerar o conhecimento perigoso, eu, naquele subsolo de um hospital da grande Buenos Aires, senti que o estava sofrendo na própria carne.

Começaram a ressoar dentro de mim uma série de palavras: "falta de criatividade", "hiperacomodação", "tédio", "repetição", "cópia", que tão comumente associamos com a criança com problemas de aprendizagem e com muitos de seus docentes. Essas palavras, eu as dirigia, naquela ocasião, a mim mesma. Por que imitar modelos tradicionais de atenção, por que copiar modelos psicológicos privados?

Pensei, impactada por essa realidade, na necessidade de esboçar uma modalidade diagnóstica adequada, concentrada em um só dia. Imediatamente, esta necessidade juntou-se a um projeto que vinha tomando forma em mim: formar um centro de aprendizagem em uma instituição hospitalar, que permitisse a confluência da interdisciplina, da prevenção, da assistência e da formação a nível de pós-graduação.

Porém, como encontrar uma articulação entre o imprescindível e acionar o real com os humanos sofredores e os espaços carentes, dificultosos, hostis e até perigosos que nos ofereciam as instituições? Como sair da comodidade da tarefa de supervisão, onde é fácil cair na clara idealização especular ancorada em uma dicotômica divisão: por um lado, o "corpo" (o profissional que "suja" a teoria e se encarrega dos fracassos e frustrações), e por outro lado, a "palavra plena" (o supervisor, que tem a palavra baseada na experiência limpa de sua prática pessoal)?

Nossa teoria é frágil, porém nosso suporte é uma atitude clara e compartilhada e um princípio quase piagetiano: na base de toda cognição está a ação, primeiro material e depois, possível de ser interiorizada.

O lugar necessário para dar forma a esta experiência parecia ser uma instituição hospitalar.

Trabalho institucional

"A estrutura de toda instituição (familiar, escolar, hospitalar) tem como função a *conservação* de uma experiência (cultural, social, etc.) com a finalidade de reproduzir a herança recebida"[1]. Mannoni é taxativa na afirmação e nos ajuda a nos questionarmos sobre o lugar de nossa inserção como Centro de Aprendizagem no Serviço de Pediatria de uma instituição hospitalar da grande Buenos Aires.

A função de *conservação* é a que se outorgou à instituição? A que necessariamente se cumpre? Um perigo inerente a toda instituição que devemos levar em conta para não cair na armadilha? Há lugar em uma instituição hos-

---
[1] Maud Mannoni, *La educación imposible*, Siglo XXI, México.

pitalar para um Centro de Aprendizagem que tente reverter as bases em que está firmada a educação, não por uma mudança na metodologia, mas tentando modificar o tipo de vínculo docente-aluno, transformando o espaço educativo em um espaço de confiança, incentivando professores que possam ensinar com prazer, para que dali, como consequência, surjam alunos que possam aprender com prazer?

Há lugar em uma instituição hospitalar para um Centro de Aprendizagem que concorda com muitos postulados de Mannoni, como a "autoridade médica chegou a ser o aliado mais seguro da autoridade policial"[2], ou "a educação cedeu passagem à instrução: esta converteu-se em uma empresa impossível e pediu auxílio à medicina"; ou "no diagnóstico do médico não se leva em conta a palavra do paciente"[3] e a "palavra do médico, na medida em que transforma a história do sujeito em um mito morto, deixa sem consequência o que disse o paciente, e então este trata de expressar-se no sintoma"?[4]

Há lugar em uma instituição hospitalar para um Centro de Aprendizagem que se proponha a não enganar o paciente nem a si mesmo, fazendo crer que o assistiu porque compareceu dez vezes para a realização de um diagnóstico, e que exponha claramente a quem não pode atender, que necessitaria ser ouvido, mas que a instituição não tem espaço para atendê-lo, em vez de cair no "quem sabe" cúmplice?

Há espaço para um Centro de Aprendizagem que parte de que não se pode atender em saúde mental com um critério estatístico e que se proponha a trabalhar com alegria, seriedade e entusiasmo?

Viabilizamos a construção desse lugar no Serviço de Pediatria do Hospital Posadas, contando com a participação ou colaboração também de muitos médicos, inclusive de alguns que ocupavam lugares hierárquicos (não podemos fazer uma correlação direta entre o poder do "repressor interno" e o lugar ocupado na instituição).

Na experiência desenvolvida até o momento, temos tido crises, discussões, conflitos, brigas, mas estamos conseguindo escutar os integrantes da instituição (que não é o mesmo que a instituição) e ser escutados por eles. Iniciamos uma comunicação que não busca a indiscriminação.

Talvez, paradoxalmente, nos ajude o fato de não pertencerem os integrantes do Centro de Aprendizagem (salvo dois médicos que participam na experiência) à estrutura do hospital. Esta situação, impossível e incompre-

---

[2] Idem
[3] Idem
[4] Idem

ensível quando a comentamos em qualquer outro país, de trabalhar gratuitamente, de forma paradoxal concede-nos certos benefícios. Um deles pode ser o de que nenhum organismo oficial age como se nos pagasse, como sucede com outros profissionais trabalhadores da saúde e da educação.

Por que um Centro de Aprendizagem em pediatria?

O pediatra, em sua prática habitual, deve responder à consulta sobre dificuldades de aprendizagem, já que geralmente é ele o profissional a que recorre a família para fazê-lo partícipe das inquietações sobre a evolução psicofísica da criança.

A consulta pediátrica pode então, de fato, constituir-se, em relação ao problema de aprendizagem, em um lugar de:

a) prevenção;
b) detecção precoce;
c) orientação sobre a intervenção do psicólogo ou psicopedagogo.

Os pediatras, sendo frequentemente os primeiros que recebem esta consulta, carecem de uma formação adequada para satisfazê-la. Perde-se então este espaço de prevenção, transformando-se muitas vezes a consulta pediátrica em um reforço de atitudes patologizantes dos pais em relação aos filhos.

Além disso, nossa concepção de aprendizagem por um lado nos permite, e por outro nos leva, a nos relacionarmos cada vez mais com os aspectos sadios de cada um, mais do que com a enfermidade. Ensinar está mais perto de prevenir que de curar, e prevenir tem mais a ver com ampliar saúde do que com deter ou atacar a enfermidade.

Nós entendemos a problemática da aprendizagem como uma realidade alienante e imobilizadora que pode apresentar-se tanto individualmente como em grupo. Em seu desenvolvimento intervêm fatores vinculados ao socioeconômico, ao educacional, ao emocional, intelectual, orgânico e corporal. Impõe-se, portanto, para sua terapêutica e prevenção, o encontro entre diferentes áreas de especialização: psicopedagogia, psicologia, psicanálise, educação, pediatria, etc.

Formamos então uma equipe interdisciplinar em aprendizagem, no Departamento Materno-Infantil, com o fim de estabelecer uma abordagem preventiva-terapêutica articulada, e uma vinculação interprofissional que permita coordenar critérios. Surge, assim, um Centro de Aprendizagem com objetivos de assistência, docência, prevenção e pesquisa. Nosso propósito tende a combinar a prestação de assistência com um espaço de encontro interdisciplinar e aprendizado mútuo.

A libertação da inteligência aprisionada somente poderá dar-se pelo encontro com o perdido prazer de aprender. Por tal razão, cremos que nossa principal tarefa com relação aos pacientes é "ajudá-los a recuperar o prazer de aprender"; e da mesma forma pretendemos, para nós mesmos, recuperar o prazer de trabalhar aprendendo e de aprender trabalhando.

Nossa tarefa se insere numa busca de mudança para os serviços de saúde mental em geral. Busca que tenta articular os diferentes aportes profissionais e os importantes recursos humanos com os escassos recursos econômicos, institucionais, para satisfazer a ampla demanda de assistência e a urgente necessidade de prevenção.

A experiência do DIFAJ pôde começar a agir desde o Centro de Aprendizagem do Hospital Posadas, em coordenação com uma equipe de psicopedagogos do Hospital de Morón e outra do Hospital de Crianças da Cidade de Buenos Aires. As três equipes organizaram, assim, uma escola de pósgraduação na problemática da aprendizagem e implementaram um espaço de reflexão comum para a atividade assistencial e preventiva.

Primeira parte

UM OLHAR CLÍNICO SOBRE A APRENDIZAGEM E SUAS FRATURAS

Pai: Se ambos falássemos logicamente todo tempo, não chegaríamos nunca a lugar algum. Somente repetiríamos os velhos clichês que todo mundo vem repetindo durante séculos.
Filha: O que é um clichê, papai?
Pai: Um clichê? É uma palavra francesa e creio que, originariamente, um termo de tipógrafos. Quando imprimem uma frase, devem escolher as letras soltas e pô-las uma a uma em uma espécie de madeira acanalada para compor assim a frase. Porém, para aquelas palavras e frases que a gente usa com frequência, o impressor conserva conjuntos de tipos já compostos. E essas frases já feitas chamam-se clichês.
Filha: Mas agora esqueci o que dizias sobre os clichês, papai.
Pai: Sim, era a respeito dos embrulhos a que chegamos durante estas conversas, e como chegar a confusões tem certo sentido. Se não caíssemos em embrulhos, nossas conversas seriam como jogar o rummy*sem embaralhar as cartas primeiro.
Filha: Sim, papai, mas o que acontece com estas coisas, esses conjuntos de tipos já feitos?
Pai: Os clichês? Sim, é a mesma coisa. Todos nós temos montes de frases e ideias feitas, e o impressor tem conjuntos de letras já armados, todos ordenados em frases. Porém, se o impressor quer imprimir algo novo, digamos, algo em um idioma diferente, tem que desarmar todos os conjuntos velhos de letras. Da mesma maneira, para pensar novas ideias ou dizer coisas novas, temos que desarmar nossas ideias feitas e misturar as peças.

Gregory Bateson

---

* *Nota do Revisor:* "Rummy" é um jogo de cartas de origem israelita.

1

Da hiperacomodação ao aprender

Desarmar os clichês

Para pensar novas ideias, temos que desarmar nossas ideias feitas e misturar as peças, assim como um tipógrafo ver-se-á obrigado a desarmar os clichês, se deseja imprimir um texto num novo idioma. Um dos primeiros clichês de nosso idioma anterior, que tivemos que desarmar, é o que considerava o diagnóstico e o tratamento como dois momentos não simultaneizáveis. Como se o tempo necessário de observação que deve dar-se o terapeuta ante uma situação recém-conhecida por ele, pudesse isolar-se do vínculo transferencial.

Confundia-se assim uma necessidade do terapeuta com uma necessidade do paciente. Não é o paciente que necessita de um diagnóstico, mas o terapeuta, para poder intervir.

O diagnóstico para o terapeuta deve ter a mesma função que a rede para um equilibrista. O equilibrista desta metáfora é o terapeuta, que necessita do diagnóstico para diminuir seu temor ao caminhar. O modelo diagnóstico aqui proposto, que chamamos diagnóstico interdisciplinar familiar de aprendizagem em uma só jornada (DIFAJ), não é somente uma modificação na técnica, mas principalmente na abordagem e na conceitualização da aprendizagem e sua ruptura.

Não pretendemos diminuir ou relativizar a importância que um diagnóstico psicopedagógico requer, já que entendemos que as alterações no aprender, o fracasso escolar e as diferentes formas como o problema de aprendizagem se apresenta em alta proporção na população em geral e, particularmente, na infância, requer uma análise cuidadosa de sua etiologia e particularidade.

Por outro lado, observamos que a tarefa diagnóstica, tanto a nível institucional como privado, carece de operatividade, transformando-se muitas vezes em um oráculo que determina discriminatoriamente o futuro intelectual de uma criança, quando não em um calmante de ansiedades e em disfarce de ineficiência de certos profissionais e docentes, a partir da pseudotranquilidade que outorgam os rótulos do tipo: "debilidade mental", "problema de aprendizagem de ordem orgânica", "hipercinesia", etc. Ainda, no melhor dos casos, pode chegar a transformar-se em mais uma marca, para um indivíduo a quem permanentemente se examina, se mede, e que poucos escutam.

O DIFAJ é somente um modelo possível para observar a dinâmica da circulação do conhecimento dentro de um grupo familiar, articulado com a análise de sua sintomatização em um de seus integrantes. Pretendemos que funcione como exemplo, como amostra, ou como organizador da observação. Para evitar o perigo tão comum a outros modelos, onde o técnico se torne um fim em si mesmo, tal modelo deve ser utilizado somente como um instrumento cuja luz não traz o mesmo aparato, mas que vem de outra fonte, neste caso, a teoria psicopedagógica e a atitude clínica.

De outro lado, como todo modelo, foi elaborado para ser transgredido. Eu mesma, cada vez que participei de um DIFAJ, fui infiel ao mesmo.

Sucintamente, os motivos que me levaram a pensar na necessidade de uma modalidade diagnóstica diferente partiram de:

a) A carente situação socioeconômica do paciente hospitalar.
b) O alto índice de deserção durante os processos diagnósticos e a iatrogênica longa duração dos mesmos.
c) As características particulares de nossos pacientes, na sua maioria crianças que fracassam na aprendizagem.
d) A necessidade e o aporte do trabalho interdisciplinar.
e) A exigência de uma abordagem preventiva.
f) A evidência do lugar da família na gênese e manutenção do sintoma no aprender.
g) A incidência da instituição educativa na gênese e manutenção do fracasso escolar.

Situação socioeconômica. Índice de deserção

Ainda que a situação socioeconômica das pessoas que demandam assistência hospitalar não seja desconhecida pelos profissionais que aplicam os modelos diagnósticos e terapêuticos tradicionais, passam por alto circunstâncias tais como o fato de que muitos pacientes encontram-se impedidos de locomover-se para o hospital uma vez por semana, por não terem o dinheiro necessário. Grande parte deles busca ajuda com maior disponibilidade para mudar do que outros estratos sociais, e, sem dúvida continua-se apelando à cômoda explicação de "resistências inconscientes" para justificar deserções que mereceriam uma detida análise.

Claro que, para tentar modificar um modelo já armado, é preciso não só pôr em jogo a criatividade, mas também confrontar-se com a culpa que gera o pertencer a um setor privilegiado, envolver-se como pessoa, além de como profissional, correr o risco de encontrar-se com o possível fracasso inerente a toda inovação, conectar-se não só com os limites dos demais (pacientes, instituição hospitalar, etc.), mas também com os próprios, para somente citar algumas circunstâncias.

O modelo diagnóstico tradicional exige de seis a oito entrevistas distribuídas semanalmente. Em geral, as ausências do paciente e/ou do profissional alongam o tratamento a partir do difícil processo de marcar nova consulta. Sabemos de procedimentos diagnósticos que se prolongam durante seis, sete ou oito meses, e de um alto índice de deserção durante os mesmos.

Em muitos hospitais, inclusive, o "diagnosticado" deve passar por uma longa lista de espera, até que a instituição esteja em condições de oferecer-lhe um tratamento.

Pensamos, então, em construir um modelo diagnóstico que pudesse ser instrumentado em uma só visita ao hospital, na qual a criança e a família compartilhassem quatro horas com uma equipe interdisciplinar.

A partir da implementação deste modelo a que chamamos DIFAJ, anulamos a deserção durante o diagnóstico.

Particularidade do paciente psicopedagógico

O paciente que consulta por fracasso na aprendizagem, habitualmente é uma criança ou um adolescente que sofreu uma longa peregrinação de consulta em consulta, tendo sido objeto de observação e recebendo pouco ou nada no sentido da compreensão de sua problemática. É um sujeito de quem se escamoteia a informação e o conhecimento desde o meio familiar e/ou social, e ao qual os profissionais costumam tratar da mesma forma ao submetê-lo a inúmeros exames e interrogatórios, sem dar ocasião a que emerjam nele as perguntas.

Pretendemos, portanto, proporcionar-lhe, já desde o diagnóstico, elementos que possam ser processados por ele, considerando-o um sujeito pensante, pois sua inteligência existe, ainda que esteja *atrapada**. Podem faltar-lhe conhecimentos, porém mesmo no maior grau de oligotimia, há um saber presente que sustenta o sujeito.

Em proporção maior que outras problemáticas, a que a nós nos ocupa, exige uma unidade interdisciplinar em sua abordagem, pois para aprender põem-se em jogo quatro níveis: orgânico, corporal, intelectual e simbólico (inconsciente). Portanto, o paciente-problema de aprendizagem requer a intervenção de diferentes especialistas (pediatra, neurologista, otorrinolaringologista, fonoaudiólogo, assistente social, etc.), cujas diferentes opiniões são necessárias para articular um diagnóstico psicopedagógico.

Geralmente se encara a partir de inúmeras derivações: do professor ao orientador educacional, do orientador educacional ao neurologista, do neurologista ao psicólogo, do psicólogo ao psicopedagogo, do psicopedagogo ao pediatra, do pediatra ao fonoaudiólogo, etc.[1] Esboçamos uma modalidade que incluía a interdisciplinaridade durante o mesmo processo diagnóstico, não como uma instância prévia ou posterior à consulta, mas no momento da elaboração do diagnóstico.

Além do mais, assim como não se pode entender um processo somente a partir do *aprendente,* sem recorrer ao *ensinante,* tampouco poderíamos diagnosticar um problema de aprendizagem sem incluir a instituição escolar.** E estando ao nosso alcance recorrer aos personagens reais, professores, assistentes educacionais e sociais, partícipes da escola, como acontece na grande Buenos Aires, a nós pareceria um erro não o fazer. Tanto os diferentes especialistas como os docentes e psicólogos escolares têm uma instância no DIFAJ para intervir.

---

* Ver observação da página 6.

[1] "... nas instituições tradicionais reclama-se (desde o assistente social até o médico) o direito de ter um "pedaço do corpo" do paciente. A distribuição do paciente (e de sua família) era feita não tanto no interesse deste, mas para proteger a harmonia de um grupo. Esta posição (reclamar um pedacinho da criança), é, de fato, uma briga de amor através do paciente. Toda demanda de amor é passional por sua estrutura, com a qual não se facilitava o diálogo, nem a circulação de informação". (M. Mannoni, *Un lugar para vivir,* Grijalbo, Barcelona, 1982).

** *Nota do Revisor:* As palavras "aprendiente" e "enseñante" foram traduzidas para o português como "aprendente" e "ensinante" para manter a ideia original de referir a pessoa que está no processo de aprender ou no processo de ensinar.

Trabalho interdisciplinar

O âmbito institucional, com suas inumeráveis deficiências e carências, que combatemos e esperamos que possam ir se revertendo, apresenta de per si características específicas diferentes daquelas de âmbito privado de atenção individual, que podem se tornar vantagens.

Penso que uma boa instrumentação de tais características especiais nos permitirá desenvolver outras vertentes de trabalho, outros enquadres eficazes possíveis, outras abordagens da problemática da aprendizagem.

Em lugar de adaptar um modelo particular de atenção psicopedagógica à instituição hospitalar, tentamos tratar de recuperar as vantagens que este último âmbito possa oferecer, apesar de suas carências, e assim inversamente ver que modificações podemos incluir no trabalho privado, a partir dos ensinamentos que obtivemos no âmbito institucional.

Esta perspectiva de reconhecimento e aproveitamento das características do âmbito institucional não somente está dirigida a uma melhor atenção de nossos pacientes, como ainda nos permite, aos especialistas, encontrarmo-nos com o prazer de trabalhar, de pesquisar, de aprender com nossos pacientes e nosso trabalho.

Esta busca criativa é a que age como chave para encontrar dentro de nós essa zona de jogo, esse espaço lúdico e criativo, a partir dos quais, no tratamento, conseguiremos vincularmente vencer o sintoma que nos ocupa, que não é outra coisa além de inteligência *atrapada,* isto é, a criatividade encapsulada, a curiosidade anulada, a renúncia de pensar, conhecer e crescer.

Diremos, parafraseando Lacan, que o outro, o psicopedagogo, o professor, a criança com problema de aprendizagem situa-o como "instrutor terrível"[2], não como o representante do conhecimento, mas como o que "é o conhecimento". E nossa função terá que ser "sairmos desse lugar do saber" para que possamos ser percebidos como portadores, como representantes do conhecimento, e não como o próprio conhecimento. Nossa tarefa aponta para a conquista de que o espaço de tratamento se transforme em um "espaço transicional" onde seja possível reconstruir o espaço de jogo e criatividade de nosso paciente, que é matriz do aprender.

Em um primeiro momento do tratamento psicopedagógico, o paciente pode confundir o conhecimento com o psicopedagogo. Por essa razão pro-

---

[2] A maioria dos problemas de aprendizagem têm a ver com a instalação do registro simbólico. Diríamos, seguindo a terminologia de Lacan, que têm sua base em uma dificuldade da passagem do segundo ao terceiro tempo de Édipo, neste momento em que o pai deve transformar-se de "pai terrível" que é Lei, Norma e Saber, em representante da lei, da norma e do saber.

movemos o deslocamento que o sujeito possa fazer entre o terapeuta e o conhecimento. Quer dizer, ele tem a oportunidade de encontrar-se com esse terceiro que é o conhecimento, e por intermédio deste consigo mesmo, como ocorre nos primeiros vínculos de aprendizagem entre a mãe e seu filho. Sabemos que a base do interesse em aprender é o interesse do outro. Diz Sara Paín: "Tudo começa na triangulação do primeiro olhar. No primeiro momento, a mãe ou seu equivalente busca os olhos da criança, e a criança busca seus olhos; aqui há um encontro necessário para que haja aprendizagem, mas logo a mãe olha para outro lado, objeto ou pessoa, e seu filho também desvia o olhar para esse mesmo lado. Seus olhares encontram-se em um objeto comum, um objeto de reencontro, quer dizer, desses olhos nos olhos vai haver um deslocamento até outros objetos de conhecimento".

A instituição hospitalar facilita a inclusão de um terceiro, já que instala-se desde o começo como um outro no vínculo profissional-paciente.

Passarei, então, a enumerar algumas particularidades da atenção institucional que podem vir a ser facilitadoras da tarefa terapêutica, dependendo de como sejam utilizadas:

a) *Presença, em um mesmo espaço, de diferentes especialistas que intervêm na saúde.* Muitas vezes se desperdiça, a nosso critério, esta magnífica possibilidade quando cada área é um compartimento estanque, situação que, além de intensificar os aspectos de rivalidade e competição, não ajuda o paciente a entender sua problemática.

Porém, a instituição facilita a organização de equipes multidisciplinares ou interdisciplinares, que, no âmbito individual privado, resultariam impossíveis de concretizar.

b) *Mobilidade da figura do profissional por estar incluído em uma instituição.* Já desde a demanda do paciente, estabelece-se uma diferença a respeito do âmbito privado, pois o paciente e/ou a família não vão consultar um profissional em particular, mas recorrem à instituição.

Dependendo do lugar em que se coloque o profissional, existe uma diferença de posição entre o âmbito privado e o institucional. O "terceiro" está permanentemente situado como ponto de autorreferência e até de identidade. Quer dizer que facilita certo movimento da figura do psicopedagogo, instalando um terceiro no enquadre e no vínculo paciente-família-terapeuta. Inclusive ter-se-ia que analisar desde o ponto de vista transferencial, a diferença que implica para o paciente recorrer à instituição ou a um consultório privado ou individual.

Pretendemos com nossa modalidade diagnóstica (DIFAJ) poder deixar de pensar em um modelo privado unipessoal de assistência e começar a aproveitar os recursos, possibilidades humanas e particularidades que nos oferece a instituição.

Como instrumentar as vantangens do trabalho institucional a partir do reconhecimento das mesmas?

O DIFAJ pretende aproveitar e potencializar a presença em um mesmo espaço de diferentes profissionais que intervêm na saúde, criando o terreno para formação de equipes interdisciplinares.

Dizemos que o problema de aprendizagem não é outra coisa senão anular as capacidades e bloquear as possibilidades. Mas as possibilidades de muitos profissionais entusiastas estão restritas a partir do tipo de inserção institucional. Quanto desperdício de tempo e que pouca valorização da opinião pessoal do profissional e do pensar em equipe, que provocam um efeito negativo sobre o psicopedagogo que redunda, por sua vez, em desqualificação! Desqualificação de si mesmo, da tarefa e de outros profissionais. Desqualificação que volta para o paciente e sua família. Na maioria das instituições, por exemplo, a tarefa diagnóstica está a cargo dos profissionais recém-admitidos. O que é um erro, pois essa é uma tarefa para a qual se requer um máximo de experiência. Além disso, muitas vezes lhes é atribuído este único trabalho. Observei nesses casos um alto grau de cansaço e esgotamento nos psicopedagogos, que, em alguns casos, realizam simultaneamente de quinze a vinte diagnósticos, o que provoca neles uma sobrecarga de ansiedade e um freio para o desenvolvimento de sua criatividade. São transformados, lamentavelmente, em aplicadores de testes, onde as técnicas deixam de ser um meio e um instrumento que ajudem a entender o paciente, convertendo-se em um fim em si mesmas. Eu me pergunto também: o que acontece com a própria saúde mental do psicopedagogo ou do terapeuta, como pode situar-se realizando simultaneamente dez ou quinze diagnósticos sem saber se sua palavra ante o paciente e a família tem algum efeito terapêutico significativo?

Por outro lado, se pensamos no paciente que estamos atendendo meia hora, uma vez por semana ou a cada quinze dias: o que acontece com ele no transcurso do longo processo em que foi transformado em um objeto de observação e um número para determinadas estatísticas? Como pode responder às perguntas das pessoas que estão ao seu redor? À professora que o interroga sobre se foi ao hospital e o que lhe disseram, aos pais que o pressionam sobre quando começará o tratamento. Muitas vezes nos corredores escutamos comentários como este dirigido pelos pais a seus filhos: "Há dois meses que estamos com este problema, o dinheiro que temos que gastar e ainda por cima temos que faltar ao trabalho por culpa tua." Enfim, circunstâncias que se somam aos fatores que transformam o paciente em bode expiatório de problemáticas familiares e sociais.

Inclusão da família no diagnóstico

No diagnóstico tradicional, ainda que se incluam os pais, o centro é a criança paciente; ela é chamada na maioria das vezes, e é ela que se estuda. Os pais participam somente como informantes, e os irmãos ficam à margem. Com este enquadre, começa-se aceitando e confirmando a suposição de que o problema está somente na criança.

Com o DIFAJ, queremos já desde o enquadre da situação, colocar como protagonista a família. O diagnóstico tradicional favorece a localização dos pais em um falso lugar de saber. Eles vêm falar do filho, geralmente com queixas e explicações do tipo: "não tem memória", "teve uma base má com a professora", "tudo começou desde que nasceu a irmã", "tem algo podre na cabeça", etc. Diferentes considerações da problemática do filho.[3] Nós, tomando como protagonista a família, pretendemos já desde a convocação, ter uma intervenção operativa em relação à mobilidade desse lugar do saber dos pais. Todos têm algo a dizer, e todos escutamos, perguntamos, damos um espaço dividido e um espaço por subgrupos. E à criança-paciente, além disso, um espaço individual para que possa estruturar sua fala mais livremente.

Vamos tratar também de devolver à família a possibilidade de pensar, de fazer-se perguntas, de questionar-se e refletir.

Proporcionamos aos pais um espaço e um tempo para sentir e pensar, em que possam ver-se a si mesmos individualmente, como casal e como grupo familiar. Não nos centramos no que outros (professor, médico, etc.) opinam e eles repetem sobre seu filho.

Tratamos de devolver-lhes a possibilidade de encontrarem-se com seus aspectos sadios, para que dali eles mesmos possam descobrir os caminhos para mudar.

---

[3] Mannoni, em um belo livro em que coloca, a partir de uma perspectiva psicanalítica os problemas do saber, da autoridade e do poder, diz: "A instituição familiar e a instituição médica reunidas, desenvolveram até o absurdo o que se pode chamar um abuso de poder baseado na perversão do saber".

A origem do problema de aprendizagem não se encontra na estrutura individual. O sintoma se ancora em uma rede particular de vínculos familiares, que se entrecruzam com uma também particular estrutura individual. A criança suporta a dificuldade, porém, necessária e dialeticamente, os outros dão o sentido.

Mannoni nos ensina que, para compreender uma criança, é preciso recorrer pelo menos à terceira geração de antecessores. Os pais estão, por sua vez, incluídos em uma estrutura edípica que abrange seus próprios pais.

Chamaremos análise estrutural àquela que trata a estrutura interna do paciente. E dinâmica àquela que se detém na rede de vínculos da estrutura familiar.[4]

Nós pretendemos, a partir da clínica, analisar o ponto de articulação entre o estrutural e o dinâmico e intervir nele. Não nos propomos, entretanto (por impossível), fazer um somatório entre estas duas abordagens.

É por isso que imaginamos o DIFAJ como um modelo diagnóstico que permita analisar as dificuldades de aprendizagem na articulação entre o estrutural e o dinâmico.

Para diagnosticar e intervir na dinâmica, necessitamos a presença da família real,[5] enquanto operaremos também sobre a família simbólica, a partir do trabalho com as representações inconscientes de cada um e do grupo.

Não podemos deixar de nos perguntar se a existência de um problema de aprendizagem sintomatizado por um membro da família nos autoriza a falar de "família-problema de aprendizagem". De todos os modos, ainda não se resolve esta questão, como diz Laing, "se uma equipe de hóquei requer nossa intervenção porque seu zagueiro esquerdo tem baixos desempenhos, não pensaríamos somente em chamar o zagueiro ao nosso consultório, redigir uma história clínica e ministrar-lhe um Rorschach. Assim o espero, pelo menos. Também iríamos assistir ao jogo da equipe e não chegaríamos a parte alguma se não soubéssemos nada sobre o hóquei, nem sobre o tipo de jogadas que são comuns nele". Quer dizer, não é necessário partir de que a equipe é a causa do mau desempenho de todo jogador para exigir a observação do zagueiro esquerdo em sua equipe. Poderemos em seguida, talvez, chegar a essa conclusão em particular, mas não devemos partir dela. O que é inegável é que, se não conhecermos as regras do jogo e o tipo de jogadas, nada poderemos observar nem aportar ao jogador.

---

[4] A técnica sistêmica toma exclusivamente o dinâmico sem intervir no estrutural. Entretanto, algumas vertentes psicanalíticas centram-se no estrutural.
[5] Quando o paciente é um adulto, não é imprescindível trabalhar com os personagens reais do grupo familiar.

Função da instituição educativa

Sabemos que para aprender é necessário um *ensinante* e um *aprendente* que entrem em relação. Isto é algo indiscutível quando se fala de métodos de ensino e de processos de aprendizagem normal; não obstante, costuma-se esquecê-lo quando se trata de fracasso de aprendizagem. Aqui pareceria, então, que só entra em jogo o *aprendente* que fracassa. Como se não se pudesse falar de *ensinantes* ou de vínculos que fracassam ou produzem sintomas. Por *ensinantes* entendo tanto o docente ou a instituição educativa, como o pai, a mãe, o amigo ou quem seja investido pelo *aprendente* e/ou pela cultura, para ensinar.

Necessariamente, nas dificuldades de aprendizagem que apresenta um sujeito, está envolvido também o *ensinante*. Portanto, o problema de aprendizagem deve ser diagnosticado, prevenido e curado, a partir dos dois personagens e no vínculo.

Levando em conta o exposto, criamos um modelo diagnóstico que deixa um espaço para a inclusão da instituição educativa, que poderá ser instrumentado de diferentes maneiras. Participando os assistentes sociais, os orientadores educacionais e os docentes nos momentos de reflexão do DIFAJ, poderão ser utilizadas suas observações como elementos para o diagnóstico, assim como poderá levar-se em conta seu discurso, para determinar um diagnóstico da escola a que pertencem e, além do mais, preparar-se-á sua participação para implementar uma estratégia conjunta.

Temos observado, em alguns casos, que a presença dos membros da instituição educativa nos momentos de reflexão do DIFAJ era o pontapé inicial de um frutífero diálogo interinstitucional (escola-hospital), com resultados positivos, para (iniciar) tarefas de prevenção dirigidas ao conjunto dos alunos da escola e seus pais.

Também o docente pode ser vítima de um sistema que o usa como algoz. Dar a palavra ao docente, escutá-lo, pode, às vezes, possibilitar a abertura de um espaço e de uma atividade que poderá ser adiante mais facilmente levada ao vínculo professor-aluno.

Embora concordemos com M. Mannoni quanto a que a "escola, depois da família, converteu-se no lugar escolhido para fabricar neuroses, que se tratam depois em escolas paralelas" ou consultórios psicopedagógicos, não podemos colocar no mesmo saco o professor e a instituição educativa.

O convite a alguns membros da escola para participar da reflexão sobre a problemática da criança que fracassa, facilita uma aproximação à possibilidade de admitir que a instituição educativa pode ser parte ativa, seja na etiologia ou na manutenção da dificuldade da criança.

Pretendemos com nossa modalidade diagnóstica dar conta da realidade institucional, potenciando suas possibilidades, mas sem hiperacomodarmonos-submetermo-nos às pautas da instituição (hospitalar, médica, educativa ou terapêutica). Quer dizer, queremos aprender da realidade hospitalar, promovendo uma transformação da mesma que a nós nos transforme.

Da mesma maneira, queremos também dar conta da problemática de aprendizagem, mas sem hiperacomodarmo-nos-submetermo-nos ao modelo de saúde-enfermidade da psiquiatria tradicional. Conseguimos assim aprender com pacientes e famílias que participaram de nossa experiência, devendo-lhes um agradecimento por tudo que nos ensinaram.

"Uma tarefa primordial no diagnóstico é resgatar o amor. Em geral, os terapeutas tendem a carregar nas tintas sobre o desamor, sobre o que falta, e poucas vezes se evidencia o que se tem e onde o amor é resgatável. Sem dúvida, isto é o que nos importa no caminho da cura."

"Se no transcurso do diagnóstico ou do tratamento não conseguimos nos apaixonar por essa vida, nem pensá-la como um drama onde se está jogando este tipo de coisas que a mitologia põe em um relevo especial, mas que estão em todos os seres humanos, estaremos banalizando o sujeito. Não podemos curá-lo nem entendê-lo. Justamente a possibilidade de curá-lo, ou seja, de fazê-lo surgir como diferente, é facilitar seu trabalho de recriar-se como pessoa interessante. Que sinta que sua personalidade se diferencia das outras e tem um caminho próprio que é capaz de construir, que vislumbre uma possível escolha, certo grau de liberdade, ainda que seja no conhecimento."

Sara Paín

2

Especificidade do diagnóstico psicopedagógico

Olhar através da lente do aprender

Para poder chegar a uma conclusão acerca da existência ou não de patologias estruturadas no aprender (sintoma – inibição – transtornos de aprendizagem reativa), nossa visão orientar-se-á pela relação do sujeito com o conhecimento.

Ainda que a maioria dos instrumentos que utilizamos no diagnóstico psicopedagógico tenham sido desenhados, estandartizados e estudados pela psicologia, e, por consequência, dirigidos ao estudo da personalidade, nossa leitura da produção desencadeada pelos mesmos surgirá da especificidade própria da atividade psicopedagógica. Um diagnóstico psicopedagógico de uma criança ou adolescente busca responder a interrogações particulares, tais como:

1) Com que recursos conta para aprender?
2) O que significa o conhecimento e o aprender no imaginário do sujeito e sua família?
3) Que papel foi-lhe designado por seus pais em relação ao aprender?
4) Qual é sua modalidade de aprendizagem?
5) Qual é a posição do sujeito frente ao não dito, ao oculto, ao secreto?

6) Que função tem o não aprender para ele e para seu grupo familiar?
7) Qual é o significado da operação particular que constitui o sintoma?
8) Como aprende e como não aprende?
9) O não aprender responde a um sintoma, ou é uma resposta reativa ao meio socioeducativo?

Circularidade causal[1]

A resposta à interrogação sobre "por que não aprende", não é unicausal. Comumente, encontram-se nos diagnósticos explicações sobre a origem dos transtornos de aprendizagem, como as seguintes: "problemas de aprendizagem de etiologia orgânica", "epilepsia", "anoxia perinatal", como se a organicidade por si só determinasse e explicasse o problema de aprendizagem.

O organismo alterado provê o terreno no qual se torna mais fácil alojar-se um problema de aprendizagem, mas não é determinante. Muitos sujeitos, a partir de organismos deficitários, puderam aprender e até ser brilhantes em sua profissão.

Outras pseudoexplicações dos transtornos que estamos estudando remetem a uma equivalência "debilidade-mental – problema de aprendizagem". Mas a deficiência intelectual não implica necessariamente problema de aprendizagem, ainda que possa ser um condicionante dependendo de como a família signifique o dano intelectual. Aceitando e querendo o deficiente, permitir-se-á que alcance o máximo de suas possibilidades (portanto, que não some à deficiência um problema de aprendizagem).

Grande parte dos diagnósticos de oligofrenia respondem a uma deficiente observação do investigador. Se essas crianças tivessem sido analisadas detidamente e com menos preconceitos, poder-se-ia ter chegado a outras conclusões.

De outra perspectiva, mais abrangente, mas também parcializada, explicam-se os transtornos de aprendizagem em termos de "psicose precoce impede a aprendizagem", "não aprende por estar fixado à fase oral", ou "não aprende para manter o equilíbrio familiar". Como se as causas emocionais ou familiares fossem responsáveis, por si sós, pelo problema de aprendizagem.

---

[1] Ver "Causalidade linear ou circularidade causal", no Capítulo 7.

Não negamos a relação entre a oralidade e o conhecimento, nem a possível propagação da psicose precoce para o aprender, nem a função de equilíbrio que para um grupo familiar pode chegar a adquirir o transtorno de aprendizagem, mas não consideramos nenhum destes argumentos como explicação suficiente ou como causa determinante.

Temos visto crianças diagnosticadas como psicóticas, que não apresentam problema de aprendizagem, como também sujeitos chamados "orais" que são muito bons aprendizes, e também nos temos deparado com diferentes sintomas, não relacionados com o aprender, que cumprem uma função de equilíbrio no sistema familiar.

Em conclusão, não existe nem uma única causa, nem situações determinantes do problema de aprendizagem. Não o encontraremos nem no orgânico, nem nos quadros psiquiátricos, nem nas etapas da evolução psicossexual, nem na estrutura da inteligência. O que tentamos encontrar é a relação particular do sujeito com o conhecimento e o significado do aprender.

O perigo de conhecer

O desejo de saber faz um par dialético com o desejo de não saber. O jogo do saber-não-saber, conhecer-desconhecer e suas diferentes articulações, circulações e mobilidades, próprias de todo ser humano ou seus particulares nós e travas presentes no sintoma, é o que nós tratamos de decifrar no diagnóstico.

O mito de Édipo apresenta-se como um paradigma da existência humana e foi lido pela psicanálise desde a sexualidade, servindo para elaborar o bastidor com o qual se construiu uma psicopatologia.[2]

Os fios da tela do bastidor a partir do qual vamos poder interpretar a etiologia do problema de aprendizagem são o organismo, o corpo, a inteligência e o desejo; na trama deste bastidor vamos encontrar desenhados a significação do aprender, o modo de circulação do conhecimento e do saber dentro do grupo familiar, e qual é o papel atribuído à criança em sua família.

---

[2] Desde a clínica psicopedagógica podemos fazer outra leitura de Édipo, que nos proporcionará elementos para compreender a gênese do problema de aprendizagem. Este tema merece uma detida análise, que não faremos neste momento. Somente mencionarei que Édipo "não sabe" quais são seus verdadeiros pais; desconhece que aqueles que se mostram como seus pais não o são. O desconhecimento está ocupado por um falso conhecimento. Quer dizer que aqui não está atuando a falta, a função positiva da ignorância, como dinamizadora da busca do conhecimento, já que um falso conhecimento está obturando o saber.

O saber é perigoso a partir da fantasmática inconsciente de todo ser humano. As respostas ante esta periculosidade diferem em algumas circunstâncias familiares que atualizam o perigo a partir de determinados acontecimentos e significações que, desde o real, marquem esse perigo.

O que é que condiciona que esta periculosidade inerente a toda busca do conhecimento se transforme para alguns sujeitos em impedimentos ao acesso do mesmo? O que significa o conhecimento no imaginário da criança e sua família?

Através da história da criança, podemos reconstruir um jogo de acontecimentos que os pais significam, necessariamente, de uma ou outra maneira, e poderão ressignificar resignando-se e, portanto, dando passagem à simbolização.*

Mas ante estes mesmos acontecimentos reais, os pais poderão não se resignar, permanecendo *atrapados* no imaginário e travando o conhecimento. Quero dizer que, quando se continua vivendo no imaginário, ao não haver distância entre o que se supõe conhecer e o conhecimento, os movimentos ante os segredos, ante o não dito, podem converter-se em sintomáticos. Evitar conhecer, inibir o conhecer, transformar o conhecimento, ocultar o conhecimento, *atrapar* a inteligência.

Por exemplo, um casal pode ser infértil e, a partir daí, ressignificar-resignar-se com este fato e então adotar um filho, podendo, em consequência, transmitir-lhe o conhecimento acerca de sua origem. Aqui a atitude de investigação da criança adotada, o desejo de conhecer não sofrerá alterações por esta causa. Sem dúvida, outro casal talvez não se conforme ante sua infertilidade, transformando em um segredo a origem do filho adotado. Enterrar-se-á então, junto com o conhecimento sobre a origem da criança, a atitude investigadora; não dando, portanto, à criança, este conhecimento primordial e vivendo como se o filho fosse biológico, obstruem-lhe a possibilidade de simbolizar, assim como se privam do direito à felicidade de poder apropriar-se de seu filho e de sua paternidade.

Função do não aprender

O não aprender tem também uma função positiva.

Há crianças que apresentam um mau rendimento escolar para ganhar certa legitimidade.

---

* *Nota do Revisor:* A autora, na página 116, apresenta, em nota ao pé da página, quais os três sentidos possíveis à palavra ressignificar.

O pai de Pablo Alfredo, por exemplo, diz no motivo da consulta: "Eu era igual. Também não aprendia na escola".

Algumas expressões de Pablo Alfredo na entrevista fraterna: "Elas sabem", "As mulheres são umas drogas", "E o que sei eu" várias vezes. Pablo Alfredo afirma-se no reconhecimento de ser o espelho em que seu pai se vê. Se começasse a ser brilhante na escola, ficaria deslocado, o não aprender lhe serve para legitimar-se como filho e como homem. Tem uma função positiva, dá-lhe certo prazer, permite-lhe manejar algumas situações.

Papel atribuído pela família à criança

A criança, ao nascer, instala-se em uma constelação de significações. Vem preencher muitos desejos, carências, objetos dos pais. É lhe designado um nome, seja um nome da moda, o do pai, ou de um personagem famoso que signifique algo para os pais. A criança terá que inserir-se no lugar que o nome signifique.

A Pablo Alfredo chamam Alfredo. Perguntamos por que o chamaram Pablo: "Porque assim se chama o pai", e, em outro momento da entrevista familiar perguntamos, por que não o chamam de Pablo, e responde a mãe: "Porque assim chama-se o pai". Pelo mesmo motivo que lhe é dado o nome, lhe é também retirado.

"Aprende – diz a mãe –, mas no dia seguinte esqueceu-se de tudo". Cristian é trazido à consulta por sua desprolixidade.* "Seus cadernos estão sujos", diz o pai.

"Cristian é um nome limpo", diz a mãe. "Cristian: pusemos este nome por ser um nome cristalino".

Se bem que qualquer pai tem um determinado ideal de criança, no qual intervém uma imagem de *aprendente,* somente se apresenta um terreno para futuras patologias quando o papel destinado é estático (sem possibilidade dos pais para modificá-lo, ou quando há contradição entre os papéis atribuídos por ambos os pais). "Eu sempre pensei que meu filho seria engenheiro como o tio", diz a mãe. "Porém, vai sair igual a mim, que não passei do segundo grau" diz o pai.

Não podemos entender a patologia no aprender de uma criança analisando somente o presente, fazendo unicamente um corte transversal da situação, ainda que incluamos, além do individual, o grupo familiar. No

---
* *Nota do Revisor:* Em espanhol "desprolixidade" significa falta de cuidado, esmero, dificuldade em organizar-se.

diagnóstico e ao longo do tratamento (conhecendo nossas limitações), tentaremos reconstruir o jogo de acontecimentos que deu lugar, já desde antes que nascesse a criança, a uma constelação de significados profundos e a um código. A criança que nasce vem preencher um lugar já preparado, mas quando nasce é uma realidade que desde o real desafia o imaginário, porque já tem um sexo marcado organicamente, por exemplo. Assim, pode nascer com a marca do hipertelorismo, quando já estava escolhido o nome de Astrid ("Astrid – diz a mãe – era uma princesa"). Acontece que há uma contradição muito grande entre essa ilusão sobre a qual os pais construíram o nome para a menina e a realidade. Os pais poderão ressignificar (resignar) a situação, dando-se conta de que entre o imaginário e o real, deverão encontrar um novo significado (dentro do simbólico) e que ainda que a menina não possa ser uma princesa imperial, sem dúvida poderá ser princesa em outros mundos, por exemplo o do conhecimento. Mas pode ser que os pais não se resignem e continuem vivendo o imaginado, e então haverá uma distância muito grande entre a pessoa que os pais supõem amar (aquela princesa Astrid) e o objeto do amor, sua filha Astrid.

Estas temáticas nós temos que analisar desde a aprendizagem, porque aí necessariamente vão refletir-se e, se o organismo e o corpo dão-lhe terreno para desenvolver-se, podem transformar-se em sintoma.

É necessário deter-se em investigar qual é a posição da criança frente aos segredos, frente ao não dito, frente à diferença e à distância que há entre o imaginário e o real, já que justamente a impossibilidade de simbolizar é o que provoca a fratura ou o sintoma.

Significação da operação que dá forma ao sintoma

Não se pode interpretar um problema de aprendizagem em sua generalidade, sem saber em que lugar está enganchado no simbólico, e para isso necessitamos observar o funcionamento cognitivo. Existe certa dependência entre o simbolizado e o símbolo.

Em uma paralisia histérica, por exemplo, não é por acaso que seja o braço ou a perna o paralisado, ou que em seu lugar haja uma cegueira de ordem histérica. Serão diferentes as interpretações que poderá fazer o analista, num e noutro caso. Da mesma maneira, existe certa filiação entre a operação escolhida pelo *atrape* da inteligência e o que esta operação pode significar. Como nos ensinou Sara Paín, já que as operações cognitivas são complexas, necessitar-se-á de um enfoque psicopedagógico específico para poder interpretá-las. Do ponto de vista cognitivo, há uma diferença, por exemplo, entre as dificuldades para somar que uma criança possa apresentar, conforme em que momento do processo se produza a trava; por exemplo, para não poder chegar a que 3 + 2 + 6 = 11, a dificuldade poderia estar no agregar, no juntar 2 com 3 e 6 com 5; portanto, como analistas, deveríamos pensar o que simboliza o juntar para esta criança, mas que também a trava para chegar a que 3 + 2 + 6 = 11 poderia estar no momento em que é preciso fazer desaparecer o 3 para agregar-lhe o 2, e desaparecer o 5, para chegar ao 11. Quer dizer que, neste caso, o que a criança não poderia fazer é unir, enquanto que no outro o que não poderia resistir é fazer desaparecer.

Não se simboliza qualquer coisa com outra. Existe sempre um tipo de ligação entre o simbolizado e o símbolo escolhido. Conhecendo como funciona o processo de conhecimento, estaremos em melhores condições para saber o que é que se simboliza através dele. Igualmente, se a criança em lugar de "mamãe" escreve "nanãe", não vamos interpretar rápida e universalmente que existe um problema entre a mamãe e o nenê.* É muito difícil encontrar uma criança que apenas se equivoque com o "m" na palavra mamãe; ao contrário, nos mostrará esta fusão com outras palavras. Conhecendo a dimensão cognitiva, sabemos que o salto entre a noção 2 e 3 é muito grande. A dualidade é percebida aos dois anos (por exemplo, somente se repetem dois dígitos aos dois anos e três dígitos aos três anos); a criança faz primeiro uma relação um a um, ela com sua mãe ou ela com seu pai e, somente um ano depois um trio, uma relação de três. Teremos que incluir também na análise as estruturas rítmicas que fazem a nível corporal, pois para fazer as duas perninhas do "n" e as três perninhas do "m" põe-se em jogo um ritmo na grafia.

Para analisar as perturbações no processo de aprender, não podemos deter-nos somente na dificuldade específica (n por m, dificuldade para somar, etc.). Tal simplificação leva à reeducação. Tampouco podemos cair na simplificação oposta e relacionar todo transtorno de forma geral e comum, seja a razões afetivas (negando a participação de outros fatores e anulando toda possibilidade à psicopedagogia clínica), ou à dinâmica familiar; ao negar a participação do desejo, o organismo, o corpo e a inteligência da criança na gestação da dificuldade, negar-se-á também a possibilidade de participar ativamente em sua própria cura.

Procuramos revelar o significado que o aprender tem para o grupo familiar e a criança, assim como o significado atribuído de maneira inconsciente

---

* *Nota do Revisor:* No original "mamá" (mamãe) e "naná" (nenê).

à operação particular que constitui o sintoma no aprender. "O significado do problema de aprendizagem não deve ser buscado no conteúdo do material sobre o qual opera, mas na operação como tal".[3] Assim, as perturbações na leitura e escrita expressam uma mensagem pela significação da omissão, ou da substituição, ou da inversão de letras, mais que pelo significado das palavras que venham a ser alteradas. No diagnóstico psicopedagógico, tratamos de encontrar a funcionalidade do não aprender para a família, funcionalidade que inclui o significado e enuncia para que serve ao sistema familiar a não aprendizagem de um de seus membros.

Procuramos esclarecer, também, que tipo de mandatos intelectuais (que podem postular-se no consciente ou no inconsciente) são dados à criança. O pai pode dizer: "Eu quero que meu filho seja um profissional liberal", mas inconscientemente boicotar esta possibilidade, porque não deseja perder o diálogo com o filho. "Já não vemos mais meus irmãos, por serem profissionais liberais tiveram que ir embora do país", disse o mesmo pai em outra oportunidade. Por um lado, quer que aprenda para chegar a ser universitário e por outro não, pois vai significar um distanciamento, e seu filho está preso em tal ambivalência.

O diagnóstico não completa o olhar interpretativo nem diagnóstico: todo o processo terapêutico é também diagnóstico. Quem tem o saber sobre o que está acontecendo (ainda que não tenha o conhecimento) é o próprio paciente. O desdobramento e o afloramento do mesmo acontecerá durante o tratamento. Reciprocamente, consideramos o momento chamado diagnóstico de grande relevância terapêutica.

Um diagnóstico poderá começar a ter eficácia para o paciente (em geral os diagnósticos são feitos para que o terapeuta sinta-se eficaz) quando se tiver começado a vislumbrar algo que diga respeito à circulação do amor dentro dos vínculos do grupo familiar, pois somente desse lugar que, ainda que travado, deslocado ou incipiente, seguramente existe (pois senão o ser humano teria morrido vítima do marasmo), se poderá começar a pôr em circulação o aprender *atrapado*.

---

[3] S. Paín, *Diagnostico y tratamiento de los problemas de aprendizaje,* Nueva Visión, Buenos Aires 1980. *Nota do Revisor:* Em português: Diagnóstico e Tratamento dos Problemas de Aprendizagem. Artes Médicas, Porto Alegre, 1985.

"O paradoxo do saber teórico reside na maneira como se usa: como máscara para ocultar a verdade de uma experiência, ou como utilidade para orientar-se mais comodamente na busca clínica, na qual se encontra um mesmo implicado."

Maud Mannoni

3

Sobre a teoria psicopedagógica

Conceitos

Embora as questões que vou enunciar mereçam uma análise detalhada, pretendo sintetizar em 6 módulos alguns conceitos básicos para o diagnóstico do problema de aprendizagem.

Tradicionalmente, de acordo com uma visão racionalista e dualista do ser humano, considerou-se a aprendizagem exclusivamente como um processo consciente e produto da inteligência, deixando o corpo e os afetos fora; mas, se houve humanos que aprenderam, é porque não fizeram caso de tal teoria e "fugiram" dos métodos educativos sistematizados. Necessariamente na aprendizagem entram em jogo, numa maneira individual de relação, pelo menos quatro níveis, aportados pelo *ensinante* e pelo *aprendente* em um processo vincular.

Para aprender, necessitam-se dois personagens *(ensinante e aprendente)* e um vínculo que se estabelece entre ambos.

Como se aprende

O ser humano para aprender deve pôr em jogo:
- seu organismo individual herdado,
- seu corpo construído especularmente,
- sua inteligência autoconstruída interacionalmente e

– a arquitetura do desejo, desejo que é sempre desejo do desejo de Outro.

O aprender transcorre no seio de um vínculo humano cuja matriz toma forma nos primeiros vínculos mãe-pai-filho-irmão, pois a prematuridade humana impõe a outro semelhante adulto para que a criança, aprendendo e crescendo, possa viver.

A aprendizagem é um processo cuja matriz é vincular e lúdica é sua raiz corporal; seu desdobramento criativo põe-se em jogo por meio da articulação inteligência-desejo e do equilíbrio assimilação-acomodação. No humano, a aprendizagem funciona como equivalente funcional do instinto. Para dar conta das fraturas no aprender, necessitamos atender aos processos (à dinâmica, ao movimento, às tendências) e não aos resultados ou rendimentos (sejam escolares ou psicométricos).

Somente observando como aprende, como joga a criança, e, em seguida, qual é a originalidade de seu fracasso (a partir do qual se diferencia como sujeito), estaremos no caminho de elucidar por que ela não aprende.

O fracasso no aprender

O problema de aprendizagem que apresenta, sofre, estrutura um sujeito, se situa, entrelaça, sintomatiza e surge na trama vincular de seu grupo familiar, sendo, às vezes, mantido pela instituição educativa.

A criança pode não aprender, assumindo o medo de conhecer e de saber da família, ou respondendo à marginalização socioeducativa.

Mas o que sucede na estrutura individual desse sujeito para que seja ele e não outro membro da família que se ofereça como vítima?

A resposta a esta interrogação encontra-se na relação particular entre o organismo, o corpo, a inteligência e o desejo desse sujeito, transversalizados por uma particular situação vincular e social.

Articulação família-sintoma

Concebemos a criança como uma parte de um todo, que tem sentido para esse todo que seria a família; trata-se "...de um sistema incluído em outro". Falamos de relação, "falamos de articulação instância-estrutura, damos ênfase à emergência sintomática que, em sua maneira peculiar de ligar ou de comprometer mutuamente os atores, encontra sua função no drama".[1] Se observarmos a criança que não aprende somente como uma consequência, poderemos nos dar conta da enfermidade em caráter de sinal, enquanto que ao observá-la como sintoma, aparece o significado.

Se pensássemos no problema de aprendizagem como derivado só do organismo, ou só da inteligência, para seu diagnóstico e cura não haveria necessidade de recorrer à família. Se, ao contrário, as patologias no aprender surgissem na criança ou adolescente somente a partir de sua função equilibradora do sistema familiar, não necessitaríamos, para seu diagnóstico e cura, recorrer ao sujeito separadamente de sua família. Ao considerá-lo como resultante da articulação construtiva do organismo, o corpo, a inteligência e a estrutura do desejo no indivíduo incluído em um grupo familiar no qual seu sintoma tem sentido e funcionalidade, e em um sistema educacional que também o condiciona e significa, não podemos diagnosticar e desnudar o sintoma, prescindir do grupo familiar nem da instituição educativa, mas tampouco podemos sufocar a originalidade e autonomia do sujeito (criança ou adolescente), privando-o de um espaço pessoal que lhe permita recortar-se - diferenciar-se, e a nós ajude a observar o possível *atrape* da inteligência e a corporeidade.

Carências socioeconômicas

Podemos diferenciar as características de apresentação do problema de aprendizagem conforme em sua etiologia predominem: a) os fatores internos ao grupo familiar e ao paciente ("problema de aprendizagem-sintoma") ou b) fatores de ordem educativa, relacionados com uma instituição educativa que rechace ou desconheça a capacidade intelectual e lúdica, a corporeidade, a criatividade, a linguagem e a liberdade do *aprendente* ("problema de aprendizagem-reativo").

Aos efeitos da análise não podemos diferenciar da mesma maneira os fatores vinculados à carência econômica. Talvez porque estes se manifestem na aprendizagem, utilizando a instituição educativa a partir de uma instrumentação ideológica daninha, talvez pela faixa de idade que atendemos majoritariamente nesta experiência psicopedagógica (5 a 15 anos – idade escolar); talvez porque não tenhamos sabido ainda avançar além da colocação de "oligotimia social". Oligotimia que é capacidade de aprender e pensar, maciçamente *atrapada* por desejo de outras ordens, e oligotimia social que não poderíamos fazer corresponder com nenhuma classe social em particu-

---

[1] S. Paín, *Diagnóstico y tratamiento de los problemas de aprendizaje*, cit.

lar. Nós, os argentinos, temos muitos trágicos exemplos desta patologia, que em algumas épocas adquiriu o caráter de epidemia.

Vimo-nos obrigados a lutar, em muitas ocasiões, com uma atitude (instalada em nós mesmos) que, crendo ser bem-intencionada, acabava impedindo a possibilidade de cura e se aliava com o que queríamos combater. Refiro-me à tendência a considerar que, porque um ser humano sofre sérias carências econômicas, esta situação tenha que ser a causa única de todos seus "dramas". Como se lhe tirássemos também o direito a "ter" inconsciente, sintomas, símbolos e desejos![2] Temos escutado famílias de diferentes classes sociais e não encontramos características diferenciais quanto ao tipo de *atrape* do aprender, que pudéssemos relacionar com a situação socioeconômica.

Existem experiências como a realizada pelo G.E.E.M.P.A. (Grupo de Estudos sobre Educação – Metodologia de Pesquisa e Ação) no Brasil. Um conjunto de docentes entusiastas e especialistas em educação, trabalhando em algumas zonas muito carentes do Rio Grande do Sul e São Paulo, consegue que a imensa maioria dos alunos que acorrem às suas escolas sigam com êxito o ensino sistematizado. Apoiando-se numa mudança ideológica dos educadores e da instituição (que inclui, segundo meu ponto de vista, a troca na metodologia como uma troca a mais), onde o docente fala a linguagem da criança, respeita suas aprendizagens (inclusive as inerentes à sua marginalização e exploração), tanto o *aprendente* quanto o *ensinante* têm um espaço de liberdade para criar, mais de 90% destas crianças e adolescentes chegaram à alfabetização.

Tive, por outro lado, a oportunidade de escutar, a partir dos psicopedagogos que os atendem, a pequena percentagem dos que fracassam (alguns deles por apresentar problemas de aprendizagem-sintoma) e a trama do discurso e seu drama é similar em sua arquitetura à que escuto na criança-problema de aprendizagem-sintoma do bairro mais elegante de Buenos Aires: o esconder, o secreto, as dificuldades de apropriação, o ocultar, o conhecer representado perigosamente e *atrapado* por desejos de ordem inconsciente.

Função da aprendizagem e aprendizagem como função

Encaramos a aprendizagem como um processo e uma função, que vai além da aprendizagem escolar e que não se circunscreve exclusivamente à

---

[2] Diz Haydée Echeverría: "Contrariamente ao que se poderia pensar, os meios mais desfavorecidos economicamente não são sempre os mais 'pobres' em estímulos. Ao contrário, classes economicamente altas, que oferecem hiperestimulação de objetos de consumo, não são constitutivamente favoráveis aos sujeitos".

criança. Fazendo uma simplificação, uma abstração do processo de aprendizagem, encontramo-nos ante uma cena em que há dois lugares: um onde está o sujeito que aprende e outro onde colocamos o personagem que ensina. Um polo onde está o portador do conhecimento e outro polo que é o lugar onde alguém vai tornar-se um sujeito. Quer dizer que não é sujeito antes da aprendizagem, mas que vai chegar a ser sujeito porque aprende.

Quando nasce, o bebê é um feixe de possibilidades, de ferramentas que são capazes de atrair, de captar o conhecimento que tem que ser transmitido e reconstruído nele. Sabemos que o homem é um ser histórico, que cada geração acumula conhecimentos sobre a anterior, e o humano vai se tornar humano porque aprende.

A reprodução do ser humano não termina no suporte orgânico. No homem, os comportamentos não vêm inscritos geneticamente, mas só a possibilidade de adquiri-los. O modo de criar um filho, de comer, de falar, não se herda, se aprende. As constantes da espécie estão garantidas, então, pela presença de estruturas gerais de elaboração cognitiva e semiótica, preparadas para possibilitar a integração do sujeito à cultura.

Enquanto que, no animal, a semelhança de um membro da espécie com seu progenitor está garantida por uma codificação genética, no homem esta continuidade, esta semelhança, está garantida pela aprendizagem. Segundo este critério, a aprendizagem pertence à esfera da reprodução, colocando-se junto com a sexualidade como o equivalente funcional (humano) do instinto (no animal).

Estas ideias são desenvolvidas por Sara Paín em seus livros *Estructuras inconscientes del pensamiento* e *La génesis del inconsciente**, onde define a aprendizagem como o processo que permite a transmissão do conhecimento de um outro que sabe (um outro do conhecimento) a um sujeito que vai chegar a ser sujeito, exatamente pela aprendizagem.

Como se transmite o conhecimento

O conhecimento não pode ser transmitido diretamente em bloco. O *ensinante* transmite-o através de uma *enseña***. Necessita-se de um modelo, de um emblema do conhecimento. Escolhe-se uma situação, se faz um recorte, se

---
* *Nota do Revisor:* Estes livros encontram-se traduzidos para o português por esta editora.
** *Nota do Revisor.* Em espanhol, o radical "ensen" é o mesmo para a palavra ensinar e para a palavra insígnia (emblema, bandeira), podendo assim ser realizado um jogo de palavras. Manteremos desta forma a palavra no original.

transmite conhecimento e também ignorância. Além do mais, não se transmite, em verdade, conhecimento, mas sinais desse conhecimento para que o sujeito possa, transformando-os, reproduzi-lo. O conhecimento é conhecimento do outro, porque o outro o possui[3], mas também porque é preciso conhecer o outro, quer dizer, pô-lo no lugar do professor (que podem ser os pais ou outras instâncias que vão ensinar) e conhecê-lo como tal. Não aprendemos de qualquer um, aprendemos daquele a quem outorgamos confiança e direito de ensinar.

No outro polo, o *aprendente* possui uma série de estruturas que lhe permitem converter a *enseña* em conhecimento. Por exemplo, quando um pai diz a seu filho: "não toques", ou "não saia", está lhe apresentando um paradigma. O menino possui uma estrutura habilitada para captar o imperativo negativo e vai logo poder aplicar o imperativo negativo a qualquer tipo de verbo. Somente com alguns exemplos dados em um contexto, a criança poderá reproduzi-los mediante uma mecânica generativa.

O ser humano pode transformar a *enseña* em conhecimento. Esta, por sua vez, é construída pelo *ensinante* por meio de quatro níveis de elaboração (orgânico, corporal, intelectual e semiótico ou desejante).

Vou deter-me nos próximos capítulos nestes quatro níveis que intervêm para que um ser humano possa aprender, para que a partir daí possamos entender quais são os fatores que incidem para produzir uma alteração na aprendizagem.

Situamos o *aprendente,* necessariamente, em uma cena vincular que, primária e paradigmaticamente se dá no grupo familiar, em nossa cultura. Para efeito da análise, recortamos dessa estrutura vincular ao *aprendente,* descobrindo que nele intervêm quatro estruturas, quatro níveis constitutivos de um sujeito que, por sua vez, se constrói ou se instala por uma inter-relação constante e permanente com o meio familiar e social. A aprendizagem é, então, uma das funções para a qual estes níveis podem se inter-relacionar com o exterior e, por sua vez, conformar-se, a si mesmos, em um processo dialético.

---

[3] O outro o possui até que o sujeito faça o processo de apropriação (aprendizagem), processando-o por intermédio de suas estruturas e de seu saber pessoal

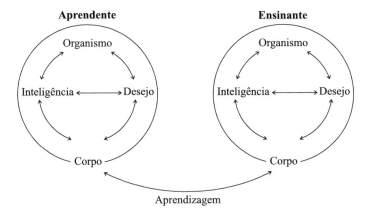

"O enigma de nossa vida – de todos e de cada um – em sua relação de nosso corpo com o corpo dos outros e por meio da linguagem com os outros sujeitos, através das mediações das coisas mais substanciais chegando até os mais sutis olhares e sons, este enigma subsiste.

Imagem do corpo entrecruzado em cada microssegundo com o esquema corporal, substrato de nosso ser no mundo, nexo dos sujeitos com seu corpo em sua substancialidade palpitante, lugar de seu aparecer: assim pode chamar-se também o desejo inconsciente."

Françoise Dolto

"É preciso reinventar algo em relação com o corpo (como é preciso reinventar tudo o que até o momento encontra-se entendido sob o termo de reeducação psicomotriz, etc.)."

Maud Mannoni

"O organismo se domestica, se acostuma, se medica; o corpo ensaia, se equivoca, se corrige, aprende."

Sara Paín

4

Lugar do corpo no aprender

Organismo – corpo

O entrelaçamento de fatores psicológicos e somáticos constitui um problema intransponível, que tem dado lugar a infrutíferas discussões sobre se o organismo ou o psiquismo são responsáveis pelos problemas de aprendizagem, como se o ser humano fosse construído pela soma entre as partes. Sara Paín com a distinção entre organismo e corpo, F. Dolto com a diferenciação entre esquema e imagem corporal, permitem começar a dar respostas desde a teoria, a algo que na clínica observamos diariamente: o organismo transversalizado pelo desejo e pela inteligência, conforma uma corporeidade, um corpo que aprende, goza, pensa, sofre ou age.

Assim como em todo processo de aprendizagem estão implicados os quatro níveis (organismo, corpo, inteligência, desejo), e não se poderia falar de aprendizagem excluindo algum deles, também no problema de aprendizagem, necessariamente, estarão em jogo os quatro níveis em diferente grau de compromisso.

Para Sara Paín, o organismo poderia ser comparado a um aparelho de recepção programado, que possui transmissores (células nervosas), capazes de registrar certo tipo de associações, de fluxos elétricos, e reproduzi-los quando necessário.

Em troca, o corpo poderia assemelhar-se a um instrumento musical, no qual se dão coordenações entre diversas pulsações, mas criando algo novo.

Do ponto de vista do funcionamento, podemos tomar duas dimensões, a que pertence ao organismo, que é um funcionamento já codificado, e a do corpo, que é aprendida. O organismo necessita do corpo, como um gravador necessita de um instrumento de música original que emita o som, para que ele possa gravar.

Por exemplo, a respiração é um comportamento de efeito orgânico; em troca, a emissão da palavra é uma coordenação que tem que ser aprendida.

Assim, quando uma pessoa canta, deve respirar de maneira particular: utiliza o organismo, mas seu canto está inserido no corpo. Pode-se dizer que canta com as cordas vocais, mas que não são as cordas vocais que cantam.

O organismo bem estruturado é uma boa base para a aprendizagem, e as perturbações que possa sofrer condicionam dificuldades nesse processo.

Pode-se ter um Stradivarius ou um violino de má qualidade, costuma dizer Sara Paín, mas é evidente que um bom violinista poderá fazer soar bem esse violino de má qualidade, e um inexperiente ou apático não poderá fazer nada com um Stradivarius.

Pelo corpo nos apropriamos do organismo. O bebê aprende a ser dono de seu organismo, sabe que sua mão lhe pertence simplesmente porque ele a domina, porque sente o poder que tem sobre ela, e assim se apropria dela.

Não temos diálogo com nosso organismo, mas temos diálogo com nosso corpo, nós o modulamos.

"Para sair do dualismo organismo-psiquismo, a distinção entre a noção de corpo e a noção de organismo é fundamental. E não se trata aqui do corpo simbolizado, nem da imagem do corpo que constitui a base do 'eu' corporal. Trata-se dessa entidade da qual se poderá posteriormente ter uma imagem, ou que poderá constituir-se em símbolo do sujeito. Há um corpo real, diferente do organismo e em grande parte independente dele. Assim, o organismo é um sistema de autorregulação inscrito, enquanto que o corpo é um mediador e por sua vez um sintetizador dos comportamentos eficazes para a apropriação do 'em torno' por parte do sujeito."[1]

"... O corpo acumula experiências, adquire novas destrezas, automatiza os movimentos de maneira a produzir programações originais ou culturais de comportamento."[2]

"O organismo pode definir-se fundamentalmente como programação. Memória assentada sobre a morfologia anatômica dos diferentes órgãos."[3]

---

[1] S. Paín, *La génesis del inconsciente,* Nueva Visión, Buenos Aires, 1984.
[2] Idem.
[3] Idem.

A memória do corpo é diferente da do organismo, e ambas se conjugam com as "memórias" da inteligência e do desejo na aprendizagem. Assim como a inteligência memoriza e o sujeito recorda, a reprodução do organismo implica a memória dos caracteres hereditários e as disposições que deles se desprendem, enquanto que a reprodução pelo corpo "é a da mimese, a que duplica o outro em um jogo de espelho ainda antes que se instale qualquer imagem de propriedade egoica" (Paín), é lembrança.

Lugar do corpo na aprendizagem

Desde o princípio até o fim, a aprendizagem passa pelo corpo. Uma aprendizagem nova vai integrar a aprendizagem anterior; ainda quando aprendemos as equações de segundo grau, temos o corpo presente no tipo de numeração e não se inclui somente como ato, mas também como prazer; porque o prazer está no corpo, sua ressonância não pode deixar de ser corporal, porque sem signo corporal de prazer, este desaparece.

O corpo coordena e a coordenação resulta em prazer, prazer de domínio.

Como uma pessoa que executa uma peça musical, não basta que a execute: para que tenha prazer, precisa ouvir-se. Se não se ouvisse, não lhe chegaria internamente o prazer.

Da mesma maneira a criança, frente ao espelho, nos inícios da representação pode apropriar-se de sua imagem somente quando sente que a comanda e todo seu corpo vibra com o prazer do domínio adquirido. Belo exemplo de aprendizagem: apropriação das possibilidades de ação, instrumentada pelo corpo que confere um poder de síntese ao ser e ao saber do sujeito, assim como uma ressonância agradável que o ajudará a incorporar a experiência. Não esqueçamos que, além disso, a criança poderá reconhecer sua imagem no espelho de vidro por sua experiência com espelhos humanos, que mantêm um vínculo amoroso com ela.

Assim, ao educador não deveria bastar-lhe que seu aluno faça bem as multiplicações e divisões, ou responda a uma avaliação. Existe um sinal inconfundível para diferenciar a ortopedia da aprendizagem: o prazer do aluno quando consegue uma resposta. A apropriação do conhecimento implica o domínio do objeto, sua corporização prática em ações ou em imagens que necessariamente resultam em prazer corporal.

Somente ao integrar-se ao saber, o conhecimento é apreendido e pode ser utilizado.[4]

---

[4] O saber supõe a originalidade do corpo e o desejo e a universalidade da inteligência.

Se o educador ensina ou o psicopedagogo atende a um paciente que, por fim, consegue fazer bem as contas, mas quando o consegue mostra a mesma cara de quando as faz mal, não se avançou nada; ao contrário, corremos o perigo de ter retrocedido, ao sobrecarregar a criança com mais uma submissão.

Não há aprendizagem que não esteja registrada no corpo, assim como não há imagem enquanto o corpo não começa a inibir o movimento, e é o registro desta inibição o que possibilita separar o pensamento do momento em que esse movimento vai tornar-se ativo, ficando o movimento como uma marca interior.

A participação do corpo no processo de apropriação do conhecimento dá-se pela ação nos dois primeiros anos e logo, também, pela representação e por outorgar a configuração ao conhecimento.[5] Todo conhecimento tem um nível figurativo (Piaget), que se inscreve no corpo. Não é necessário, ao pensar, fazer os movimentos, pois a imagem cobre esse aspecto.

O corpo também é imagem de gozo, o dispor do corpo dá ao ato de conhecer a alegria sem a qual não há verdadeira aprendizagem.

"O corpo forma parte da maioria das aprendizagens, não só como *enseñas* mas como instrumento de apropriação do conhecimento. O corpo é *enseña*, pois através dele realizam-se as demonstrações de "como fazer", mas sobretudo porque, através do olhar, as modulações da voz e a veemência do gesto canalizam-se o interesse e a paixão que o conhecimento significa para o outro. Esse prazer adicionado, pelo simples fato de uma exibição corporizada, significará esse "desejo do outro" onde deverá ancorar o do sujeito. Consequentemente, a descorporização da transmissão despoja o transmitido de todo interesse e garante seu esquecimento."[6]

Há quem coloque que nas escolas dão-se muitos conhecimentos matemáticos, científicos e pouca expressão corporal e plástica, e tenta-se juntar a uma mesma modalidade de ensino novas matérias, caindo na mesma armadilha com diferentes aspectos, pois não se modifica o principal: o espaço da aprendizagem. O espaço educativo deve ser um espaço de confiança, de liberdade, de jogo.

A armadilha a que me refiro seria esta: se a ciência não pode ser erotizada, vamos diminuí-la, façamos ginástica; em vez de fazer entrar a matemática pelo corpo, faz-se uma hora de matemática aborrecidíssima e na outra

---

[5] A geometria deveria acompanhar a aritmética em todos os seus momentos, quer dizer, a soma numérica deveria ser contemporânea, por exemplo, à soma de segmentos, porque um conhecimento apoia-se em outro e facilita a compreensão até chegar à trigonometria. A geometria é o corpo, porque são imagens que se percebem através do movimento.

[6] S. Paín, *La génesis del inconsciente,* cit.

as crianças movem o corpo. Ou a criança trabalha todo o dia em tarefas aborrecidas e depois vai fazer ioga, e o prazer não se integra na tarefa. Prazer e dever ficam separados.

Provavelmente um entalhador que desfruta do que está fazendo não necessita fazer *relax*, mas uma pessoa que está em uma linha de montagem ou um psicólogo em uma instituição, realizando dez entrevistas em uma manhã, é inegável que necessitam de algum tipo de expansão para mitigar o ficar exaustos de uma tarefa que só poderia ser prazerosa se desenvolvida em um espaço de confiança e liberdade, com medida e com possibilidades de apropriar-se do produto de seu trabalho.

Uma vez escutei Sara Paín responder a uma pergunta sobre como integrava o erógeno em seu conceito de corpo. Ao que ela respondeu que, sem descartar a importância das zonas erógenas (pois têm já desde o orgânico uma sensibilidade especial que se traduz em aumento de excitação), na aprendizagem tem mais importância o olhar, o que erotiza o olhar e a imagem do ser visto, que as zonas erógenas. Tem mais relevância a erotização da relação que a de determinadas zonas erógenas.

As primeiras aprendizagens são feitas com a mesma boca que serve para o gozo; sem dúvida, o vínculo com a pessoa que dá ao bebê a chupeta, que estabelece uma relação com ele, tem tanto valor como a boca. E no aspecto da aprendizagem, mais.

A leitura, desde a aprendizagem, desloca um pouco o valor das zonas erógenas como tais, mas não o da erotização geral do corpo. É muito limitado igualar o erógeno às zonas correspondentes (M. Klein), sobretudo na gênese; nós sustentamos uma posição mais relativa, que considera o filho como objeto inteiro, como corpo para a mãe.

E o tratamento de amor que ele recebe é o que erotiza o corpo (ser tocado). A transmissão de aprendizagem dos pais para o seu bebê é um ato de amor no qual a criança toda é um objeto amoroso, seu corpo inteiro, investido de amor, é acariciado.

Não é a chupeta nem a boca, é a ação, o ato de chupar que é prazeroso. Por que um bebê estando nos braços da mãe chupa a chupeta, e, às vezes, prefere mesmo a chupeta à mãe? Há quem considere que a criança recupera a mãe ao chupar a chupeta. Eu creio que com esta ação exercita sua capacidade de domínio, de dar-se prazer com sua possibilidade de continuar só e por si mesma o prazer que teve com sua mãe. E ao fazê-lo em presença dela, afirma a existência de uma mãe real e outra imaginária.

O chupar a chupeta carrega-se de significado e, fundamentalmente, é propriedade da criança. Implica uma recuperação de sua ação, de seu corpo;

o que continua não é a mãe fantasiada, o que continua é o chupar a chupeta, quer dizer, sua capacidade de usar esse instrumento e de seguir brincando com seu dedo ou sua chupeta.

Como diz Haydée Echeverría, "o corpo enlaça a dimensão interna com a externa, pelo conceito de vínculo como lugar de intersecção da construtividade cognitiva e da estrutura do desejo" e é "o meio (entendido como fator etnossociocultural) quem posiciona a construção desse vínculo."

Lugar do organismo na aprendizagem

"Podemos dizer que no processo de aprendizagem, o organismo revela-se por sua fratura ou sua disfunção, quando não torna possível a experiência de certas coordenações (por causa da rigidez, da inércia, da estereotipia, próprias de certas constituições mórbidas), ou dos projetos mesmo de tais experiências (por causa dos estados afásicos ou apráxicos)". (S. Paín).

O organismo, programado através de sistemas (nervoso, digestivo, respiratório, etc.), constitui a infraestrutura neurofisiológica de todas as coordenações possíveis e possibilita a memória dos automatismos. O organismo, transversalizado pela inteligência e o desejo, irá se mostrando em um corpo, e é deste modo que intervém na aprendizagem, já corporizado. Esta é uma das razões que nos inibe de falar do tão célebre "problema de aprendizagem de predomínio orgânico" ou de "indicadores de organicidade" no Bender ou outras técnicas que evidenciam a adequação perceptivomotora e tempoespacial.

Nós propusemos um modelo diagnóstico do problema de aprendizagem, que inclui a interdisciplinaridade no processo diagnóstico, facilitando a simultaneidade reflexiva de diferentes profissionais, já que pensamos que o que interessa para o diagnóstico do problema de aprendizagem, e portanto para sua cura, não é o eletroencefalograma, a tomografia computadorizada ou o informe do geneticista, isolados, senão a integração desses elementos em um enfoque comum.

Françoise Dolto, partindo de sua diferenciação entre esquema e imagem corporal (não devemos equiparar o conceito de organismo de Paín com o do esquema de Dolto), explica como afecções orgânicas precoces podem provocar transtornos do esquema corporal, "e estes, devido à falta ou interrupção das relações de linguagem, podem acarretar modificações definitivas ou passageiras da imagem do corpo".[7] Mas podem coabitar em um mesmo sujeito, uma imagem do corpo, sã, com um esquema corporal invalidado ou, ao inverso, um

---

[7] F. Dolto, *La imagen inconsciente deli cuerpo,* Paidós, Buenos Aires, 1986.

esquema corporal são pode coabitar com imagens patogênicas do corpo. De tal maneira, pode dizer Dolto referindo-se a crianças com organismos prejudicados até o grau de invalidez ou cegueira: "A evolução sadia desse sujeito, simbolizada por uma imagem de corpo não inválida, depende da relação emocional dos pais com sua pessoa, de que muito precocemente estes lhe ofereçam, em palavras, informações verídicas relativas a seu estado físico de lesado".[8] Claro que estes intercâmbios humanizadores – ou, pelo contrário, desumanizadores em sua ausência – poderão realizar-se à medida que os pais tenham aceito a deficiência da criança e a possam amar, assim como possam querer eles a si mesmos e aceitar suas próprias deficiências.

Os "corpos-cadernos"

O corpo também é importante quanto à transmissão das *enseñas*. Em geral, a escola apela somente ao cérebro, crianças com os braços cruzados, atados a si mesmos.

Essa era a proposta: amarrar-se o corpo para deixar apenas o cérebro em funcionamento, desconhecendo e expulsando o corpo e a ação da pedagogia. Ainda hoje encontramos crianças que estão atadas aos bancos, a quem não se permite expandir-se, provar-se, incluir todos os aspectos corporais nas novas aprendizagens.

Maria Sol, uma boa aluna de terceira série em uma escola municipal de Buenos Aires, contou-me um pesadelo que havia tido na noite anterior, mais ou menos assim: "Tive um sonho horrível. Estávamos, meus companheiros e eu, na escola. Vinham uns maus e obrigavam-nos a tomar um líquido para diminuir. Um liquidozinho para diminuir-nos, para que entrássemos nas aulas, porque nossos corpos eram grandes para entrar nas aulas. Quando o tomávamos, as cabeças não diminuíam, mas os corpos ficavam achatados como de papel... Como cadernos! Sabe como quando as professoras põem os cadernos para corrigir, um em cima do outro sobre a escrivaninha? Assim ficávamos. Vou desenhá-los para ti. Assim:

---
[8] Idem.

Mas, claro, as cabeças de uns tapavam as dos outros. Era terrível, não se podia ver quem era quem. "Só se viam os corpos-cadernos achatados."

Maria Sol sonhou este pesadelo dolorosamente real, e eu me pergunto também sobre o corpo dos professores desses alunos-cadernos. Não serão também "corpos-instruções metodológicas"? E me pergunto também pelo corpo do psicopedagogo, do psicólogo ou do médico. Não serão também um "corpo-livro" anulado em sua ressonância e vitalidade?

"... Saber o que não se sabe, não saber o que se sabe. A ignorância é possível graças à irredutibilidade absoluta da estrutura cognitiva e da estrutura significante do pensamento."

Sara Paín

"O sujeito... nada quer saber de que não pode saber, que não há Saber sobre o sexual."

Oscar Masotta

5

Lugar da inteligência e do desejo na aprendizagem

Sintoma no aprender, lugar de observação das relações inteligência-desejo

O pensamento é um só, não pensamos por um lado inteligentemente e depois, como se girássemos o dial, simbolicamente. O pensamento é como uma trama na qual a inteligência seria o fio horizontal e o desejo o vertical. Ao mesmo tempo, acontecem a significação simbólica e a capacidade de organização lógica.

O psicopedagogo, a partir do confronto com a resolução do problema de aprendizagem, objetivo alheio tanto ao psicanalista como ao epistemólogo, encontra o terreno ideal para observar a inteligência submetida ao desejo, não podendo desconhecer nem a um nem ao outro, facilitando-se-lhe a compreensão do tipo de relações que se estabelecem entre uma estrutura de caráter claramente genético, que vai se autoconstruindo, e uma arquitetura desejante, que, ainda que não seja genética, vai entrelaçando um ser humano que tem uma história.

Poucos psicoterapeutas conhecem o funcionamento mental, logo não podem interpretar o problema de aprendizagem. É necessário saber como se faz para somar, por exemplo, para descobrir a que cenário simbólico pode corresponder a soma. Se alguém não sabe qual e como é a operação alterada, não pode dar-lhe uma significação. Os psicoterapeutas têm tendência a interpretar que, se uma criança escreve homem sem H, tem problemas de tipo sexual. Mas pode ser que escreva mal a palavra homem e tudo que começa com h.

Se escrevesse mal somente a palavra homem, poder-se-ia pensar que não seria um problema de aprendizagem. Não escrever nunca o h leva a pensar que essa criança não pode escrever algo que não se diz. As teorias sobre a inteligência e o desejo desconhecem-se mutuamente. Assim, a psicanálise e a teoria da inteligência de Piaget separam cada uma seu objeto de estudo sem incorporar o da outra. No *Dicionário de Psicanálise* de Laplanche, observa S. Paín, não figura a palavra inteligência, assim como no dicionário de Batro sobre a inteligência não figura a palavra inconsciente. Tal omissão não somente responde a uma não pertinência das teorias para abordar a integração, mas também tem a ver com a cisão constitutiva do ser humano entre conhecimento e desejo.

Porém nós, preocupados pela problemática de aprendizagem, não podemos deixar de nos questionar acerca das possíveis inter-relações entre ambas as teorias.

No capítulo anterior, mencionamos quatro níveis que intervêm necessariamente em todo processo de aprendizagem: organismo, corpo, inteligência e desejo, e fizemos algumas considerações sobre os dois primeiros; no presente, abriremos um campo de interrogação sobre as inter-relações entre os dois últimos.

No capítulo III, delineamos um esquema para graficar as relações entre os quatro níveis enunciados. O papel não permite desenhá-lo em três dimensões, porém trataremos de imaginá-lo assim. Consideramos cada um destes níveis como estruturas pertencentes a um indivíduo, incluído por sua vez como uma estrutura dentro de outra mais ampla que é a família, e esta, por sua vez, também incluída em uma estrutura maior: o sistema socioeconômico-educativo.

O esquema desenhado no capítulo III nos dava alguns dados, ainda que parcialmente, para trabalhar as relações entre o organismo e o corpo que se põem em jogo para aprender, mas quando devemos incluir a inteligência e o desejo, assim como os aspectos que têm a ver com a corporeidade (construída também pelo organismo, pela inteligência e o desejo), ao sistema socioeconômico-educativo, se lhes sobrepõe outra dimensão: a da alteridade ou do Outro. O Outro, que não é somente o outro tangível. O Outro que está construído por todos os outros, que simbolicamente permitem reconhecer a individualidade construída especularmente. O Outro que devolve a própria unidade, a própria integridade. Esse Outro devolve especularmente a possibilidade de reconhecer-se como uma unidade, porém só se pode apreciá-lo completo quando o espelho de vidro nos reproduz a imagem corporal, incluindo o rosto.

O Outro, tal qual o espelho, também devolve a imagem de coisa completa, que alguém só nunca alcança.

Assim vamos construindo o "esquema corporal", saindo do "corpo despedaçado" dos primeiros meses do bebê, para poder chegar ao "eu corporal".

A dimensão da alteridade (que incorporamos) não anula a anterior, mas sim se superpõe à estrutura socioeconômica, dando uma luz distinta às funções com que as diferentes estruturas operam.

Pode-se falar de organismo, e de certo modo de corpo, sem mencionar esta dimensão, mas não se pode falar de inteligência nem de desejo sem ela, senão à custa de cair em um reducionismo que não permite entender a dinâmica, o movimento, e que mantendo-nos em um corpo "despedaçado" a nível das teorias, despedaça nosso objeto de estudo e nossos pacientes em tantos fragmentos quantas especialidades existam.

Ao falar de inteligência, desejo e corporeidade, vamos nos referir a intercâmbios afetivos, cognitivos com o meio, não só a intercâmbios orgânicos. Quer dizer, observamos os intercâmbios simbólicos, os virtuais e especialmente os vínculos de aprendizagem (que supõem a articulação de todos os intercâmbios).

Uma coisa são os intercâmbios reais com o meio que pode realizar o organismo (mediatizado pelo corpo), outra os virtuais que pode realizar a inteligência, e outra os vínculos.

A estrutura cognitiva e a estrutura simbólica (o nível do desejo) são diferenciáveis. Chegam a ser diferenciáveis. Na história pessoal de um indivíduo, parte-se, segundo meu ponto de vista, de uma indiferenciação entre as mesmas, para uma cada vez maior diferenciação, para uma melhor articulação.

Havíamos dito que os saberes sobre o desejo e a inteligência se desconhecem mutuamente. Sem dúvida, Sara Paín tem razão quando diz que o problema de aprendizagem, isto é, aquele sintoma onde a inteligência é *atrapada* pelo desejo, é o lugar privilegiado, talvez o único, para poder observar as relações entre ambas as estruturas.

A partir do estudo da patologia na aprendizagem, começaram a ser encontrados os pontos de contato entre as duas teorias que tratam separadamente a inteligência, por um lado, e o inconsciente, por outro: a teoria de Piaget e a psicanálise.

A um piagetiano que estuda o modelo normal de desenvolvimento da inteligência, não se apresenta como necessidade inevitável a inclusão da afetividade, assim como um psicanalista pode muitas vezes realizar sua tarefa sem encontrar-se com a urgência de responder sobre temas que tenham a ver com a inteligência.

Porém, um psicopedagogo, cujo objeto de estudo e trabalho é a problemática de aprendizagem, não pode deixar de observar o que sucede entre a inteligência e os desejos inconscientes.

Poderíamos dizer de forma mais clara, com as palavras do próprio Piaget, que ele estuda o "sujeito 'epistêmico' que se refere à coordenação geral das ações (reunir, ordenar, etc.) constitutivas da lógica, e não o 'sujeito individual' que se refere às ações próprias e diferenciadas de cada indivíduo considerado à parte."[1]

Vou tratar de delinear o conceito de inteligência com que trabalhamos e tratarei em seguida a que nos referimos com o termo desejo.

Nível lógico

Quando falamos de inteligência, referimo-nos a uma estrutura lógica, enquanto que a dimensão desejante é simbólica, significante e alógica.

A estrutura lógica, segundo Piaget, é uma estrutura genética. O conhecimento se constrói. O humano deve passar por um processo, fazer um trabalho lógico para chegar ao mesmo.

Por exemplo, o bebê, para chegar a dar-se conta de que o objeto é único apesar das aparências, deverá englobá-las em um esquema único de rotação. Para consegui-lo, fará uma série de ações (girar ao redor do objeto, rodá-lo). Vai construir o objeto a partir de *enseñas,* exemplos, de momentos que viveu, de percepções parciais.

Assim, quando se cita um objeto, não se cita o objeto que se vê em outro lugar, mas o esquema que vem de dentro. Nunca se pode ver o objeto completo: quando nos referimos ao objeto, nos referimos a um esquema.[2]

Nos dois primeiros anos de vida, contamos com um sistema lógico prático (lógica de ação que não excede a possibilidade de agir). O pensamento põe-se em ação. Não há pensamento anterior ou interior que seja posteriormente posto em ação.

Para Piaget, a ação é o ponto de partida da razão e fonte de organização e reorganização contínua da percepção. Piaget fala da construção real do co-

---

[1] Piaget, *Sabiduria e ilusiones de la filosofia,* Península, Barcelona, 1970, p.20.
[2] As ações (chupar a chupeta, tocar, sacudir) e os esquemas de ação que vão paulatinamente se integrando (apertar para atrair), aparecem em estado puro somente no sujeito epistêmico. Na criança, são parte de um vínculo, há todo um movimento desejante inevitavelmente unido.

nhecimento, quer dizer, da atividade que deve despender o sujeito para obter uma organização cognitiva que nem está determinada pelo caudal genético (mesmo se condicionada), nem imposta pelo estímulo exterior.

Sabemos que Freud provoca uma revolução no pensamento, ao sustentar a existência da sexualidade infantil, ferindo o critério adultomórfico que acreditava que a sexualidade era uma circunstância do adulto, exclusivamente. Em outro plano, Piaget continua a tarefa de Freud, descobrindo que nem sequer os adultos têm a exclusividade dos raciocínios inteligentes. Desde os primeiros intercâmbios do bebê com o meio, há uma organização, uma inteligência sensoriomotriz que vai se construindo em um processo no qual se prima pela ação. A memória,[3] a atenção, a percepção que antigamente se confundiam ou equivaliam com a inteligência, deram lugar à evidência da tendência a um equilíbrio melhor.

A logização, presente já na criança pequena, permite uma organização do mundo com certo tipo de variáveis cada vez mais complicadas e mais ricas. Estas possibilidades resumem-se em conservação e reversibilidade, estando elas em mútua dependência.

Diz Piaget em *Sabedoria e ilusões da filosofia,* belo livro editado em 1965 e raramente citado: "Cheguei a ter duas ideias centrais. A primeira é que, possuindo todo organismo uma estrutura permanente que pode modificar-se sob as influências do meio, porém sem destruir-se nunca enquanto a estrutura de conjunto, todo conhecimento é sempre assimilação de um dado exterior às estruturas do sujeito" (por oposição aos que viam no conhecimento uma imitação orgânica dos objetos). "A segunda é que os fatores normativos do conhecimento correspondem biologicamente a uma necessidade de equilíbrio por autorregulação: assim, a lógica poderia corresponder, em um sujeito, a um processo de equilibração."

"Todo conhecimento tem *uma história* que o vincula com o esquematismo da ação, e por aí ao organismo."

Piaget permite-nos entender as diferentes respostas da criança ante a realidade, não como erros, como eram consideradas e julgadas na lógica do adulto, mas como outra modalidade e outra lógica diferente. Para os que conhecem Piaget, o tema da invariância, concretamente da conservação da substância, é bastante conhecido. Observa como uma noção tão óbvia para alguém maior de 7 anos, como é a conservação da substância apesar das transformações que a matéria sofre, não é inata ao ser humano, nem tem a ver com uma comprovação perceptiva, nem com uma aquisição brusca, se-

---

[3] A memória passa a ser entendida como os esquemas de ação em funcionamento.

não que se chega a ela depois de um longo caminho pessoal de construção, onde as ações[4] do sujeito com os objetos têm um lugar importante. De tal maneira que, se a uma criança de 4 anos entregam duas bolinhas iguais feitas de miolo de pão e lhe perguntamos se ela, ao comer a bolinha 1 comerá a mesma quantidade de pão que eu, ao comer a bolinha 2, responderá que sim; porém, se se modifica a forma de uma delas, ou se a parte em vários pedacinhos, a criança, guiada pela percepção, dirá que há mais ou que há menos em uma que na outra, conforme se detenha mais no comprimento ou na largura. Dirá, por exemplo: "Tu vais comer mais porque esta é maior porque é mais larga", ou "É menor porque é mais fininha." (Isto é um equícovo? Não, de acordo com a lógica que a criança usa, só poderá afirmar que há o mesmo, submetendo-se à autoridade do adulto).

Somente em uma etapa posterior, entre os 6-7 anos, ante a mesma pergunta afirmará como óbvia a conservação da substância, seja quais forem as trocas perceptivas que se observem. A esta evidência chegará sem que interfira nenhum ensino organizado pelo adulto. Em comunidades africanas e em populações orientais e ocidentais de diferentes classes sociais, foram feitas as mesmas experiências, encontrando-se o mesmo tipo de argumentos das crianças: primeiro de não conservação e depois de conservação. Não existe possibilidade de que a criança consiga afirmar a conservação em uma etapa anterior, quer dizer, antes dos 6-7 anos, a partir da observação da repetição da experiência de troca de forma da matéria, ou a partir de uma aprendizagem.

Isto é assim porque, para chegar à resposta de conservação, é necessário chegar a uma nova estruturação da inteligência, o período que Piaget chamou "das operações concretas" que possibilita a reversibilidade. "Há o mesmo, porque não se juntou nem se tirou nada." O conteúdo de um conhecimento provém de um ensino (sistemático ou assistemático), mas a possibilidade de processar este conteúdo depende da presença, no sujeito, de uma estrutura cognitiva, adequada ao nível de compreensão requerido e de um vínculo que possibilite representar esse conhecimento.

O progresso na estruturação da inteligência, embora não possa ser alcançado por meio de um ensino organizado, tem a ver diretamente com a experiência. Se a criança não realiza ações com os objetos, se não tem possibilidade de ver, tocar, mover-se, provar seu domínio sobre as coisas, vai encontrar sérias dificuldades no processo de organização de sua inteli-

---

[4] Ao falar de ações, falamos de ações materiais, corporais e ações virtuais (eu incluo todos os intercâmbios: os afetivos e simbólicos também).

gência. Ajuriaguerra efetuou estudos com cegos e surdos-mudos, descobrindo que os cegos adquirem a noção de conservação de substância mais tarde que os sujeitos normais. O mesmo acontece com os surdos-mudos. O atraso é de 4 e 2 anos, respectivamente.

Não há ensino programado possível que permita avançar no alcance de noções como a conservação (imprescindível para trabalhar com o número), mas são realmente importantes as diferentes possibilidades que o sujeito tenha de experimentar com o meio, já que na medida em que careça delas, terá retardamentos no desenvolvimento e na inteligência.

Em síntese, as estruturas não podem confundir-se com a aprendizagem, da qual são uma condição necessária.

A importância da ação sobre a percepção deve ser levada em conta pela pedagogia. Se queremos, por exemplo, ensinar a uma criança de 4 anos a conservação de um líquido, e a submetemos a diversas experiências de transvazamento em recipientes de diversas formas e, voltando ao ponto de partida a fazemos observar que há a mesma quantidade de líquido, que não se tirou nem acrescentou nada, pode ser que prontamente ela afirme que há a mesma quantidade de água, apesar do nível ser inferior porque o corpo é mais largo. Mas se, em seguida, deve responder a perguntas similares (usando outros recipientes e outros materiais), vai voltar a não conservação. Porque, para chegar à noção de conservação, é necessário ter alcançado uma estruturação cognitiva que permita operações reversíveis. O alcance de uma etapa superior na organização inteligente não se consegue senão com um progressivo intercâmbio do sujeito com o meio onde ele vai provando suas possibilidades de domínio, num jogo permanente de ações. Intercâmbio que, inicialmente, dá-se por meio de ações materiais que vão progressivamente sendo interiorizadas e transformadas em operações.

Durante os dois primeiros anos, a criança pensa agindo. Logo, paulatinamente, a ação e a fala são interiorizadas; então, as imagens representando os objetos e suas relações permitem o exercício das operações, sem necessidade de recorrer à ação prática.

Nível simbólico

Assim como a inteligência tende a objetivar, a buscar generalidades, a classificar, a ordenar, a procurar o que é semelhante, o comum, ao contrário, o movimento do desejo é subjetivante, tende à individualização, à diferenciação, ao surgimento do original de cada ser humano único em relação ao outro. Maneja-se com símbolos que tendem a diferenciar-se do signo. Essa mostra de originalidade, ainda que possa ser dividida com outro, abre sempre um espaço onde não poderá ser dividida com ninguém.

O nível simbólico é o que organiza a vida afetiva e a vida das significações. A linguagem, o gesto e os afetos agem como significados ou como significantes, com os quais o sujeito pode dizer como sente seu mundo. Parte dos aspectos que nós incluímos no que denominamos nível simbólico, às vezes é chamado de emoções, afetividade e inclusive de inconsciente.

O mundo simbólico pessoal nos permite pôr-nos em relação, fazer de nosso transcorrer um drama original. Pelo nível simbólico, podemos diferenciar-nos, já que a estrutura lógica toma nossas diferenças para nos classificar. O que pode fazer a lógica conosco é transformar-nos em uma série de qualidades de inventário (como as senhas particulares dos documentos). O nível simbólico é que dá conta de nós mesmos, pois expressa nossos sonhos, nossos erros, nossas lembranças, nossas falhas, nossos mitos.

Se alguém, por exemplo, encontra-se com um cachorro na rua, por um processo objetivamente da inteligência, o situará imediatamente em uma classe de animais domésticos, ante os quais não se tomam as mesmas precauções que frente a um lobo; sem dúvida, se essa pessoa passou pela experiência de ter sido mordida por um cachorro (ou, por um movimento do desejo, o cachorro passou a metaforizar o perigo), talvez fuja assustada, marcando a originalidade de sua pessoa em relação à outra, ainda que ambas o classifiquem pela inteligência da mesma maneira.

Em qualquer atitude que observemos de uma pessoa, poderemos discriminar, mas só teoricamente, o processo objetivante (lógico-intelectual), do subjetivante (simbólico-desejante): a soma de ambos os processos é o ato que resulta.

Para que haja aprendizagem, intervêm o nível cognitivo e o desejante, além do organismo e do corpo.

Levando em conta todo o comentado, não podemos continuar situando a aprendizagem do lado da inteligência e a sexualidade do lado do desejo, dicotomicamente separados. Tanto a sexualidade como a aprendizagem são funções em que intervêm ambos os níveis.

Os produtos, os atos, sejam pensamentos ou afetos, são também construídos por trabalhos dos dois níveis; elaboram-se através de processos objetivantes e subjetivantes. Não poderíamos diferenciar a inteligência do desejo a partir do objeto material a que se dirigem, mas sim pela forma de conseguir o fim a que se propõem com esse objeto.

Enquanto a inteligência se propõe a apropriar-se do objeto conhecendo-o, generalizando-o, incluindo-o em uma classificação, o desejo se proporia a apropriar-se do objeto, representando-o.

Junto com a satisfação e o gozo que implica conseguir o objeto, aparece o desprazer e a necessidade de buscar outro objeto, continuando assim a circulação do desejo.

Igualmente, na medida em que se apreende o objeto do conhecimento, aumenta-se o desconhecimento, contata-se com a ignorância, surgem novas perguntas, continuando-se assim a busca de novos conhecimentos. Ambos os circuitos, o do desejo e o da inteligência, enfrentam-se com a falta, com a carência.

A inteligência e o desejo partem de uma indiferenciação em direção a uma maior diferenciação, para uma melhor articulação.

Um dos primeiros atos do bebê é a sucção. Não se poderia dizer que é somente um ato pertencente ao nível desejante, ou que é um ato de conhecimento, exclusivamente. O mamar é ao mesmo tempo um ato de prazer e de conhecimento. A diferença entre a "atividade inteligente e a simbólica, nestas primeiras etapas da vida, é marcada pelo interesse da inteligência em acomodar-se ao objeto, enquanto que a atividade simbólica desdobra o gesto, para invocar o objeto ausente, subjetiva a experiência, substitui o objeto por um gesto que representa, entre outras coisas, sua ausência."[5]

Através do primeiro ato de amor, o bebê está construindo sua inteligência e conhecendo (diferenciando "chupável" de "não chupável", classificando durezas, gostos, olfatos).

À medida que a criança cresce, ampliam-se as possibilidades de apreender o objeto. Por volta dos 18 meses, já começa a surgir a possibilidade de apanhá-lo simbolicamente (imitando, imaginando, antecipando).

Na etapa edípica, a criança, para perguntar sobre o sexo, também usa suas estruturas cognitivas. Tais questões não poderiam ter sido formuladas aos 8 meses, não só por não corresponder a interesses pré-edípicos, mas também por não possuir as estruturas cognitivas que lhe permitissem dar-lhe forma.

O processo de investigação sexual, tão claro na etapa edípica, não é interrompido na latência, principalmente modifica-se porque agora a criança conta com outras estruturas cognitivas que permitem outros processamentos, já que com o surgimento da lógica operatória, abrem-se novas possibilidades de organização da objetividade. O que se chama latência coexiste com

---
[5] S. Paín, *La génesis del inconsciente*, cit.

a chegada do pensamento operatório e a etapa edípica com o pensamento pré-operatório (mágico e intuitivo).

Então, a mesma criança que se conformava aos 5 anos com o argumento de não conservação: "Há menos miolo de pão, porque é mais estreito", ou que pensava que a lua a seguia quando andava, e que desejava casar-se com sua mãe, afirmando que podia fazê-lo, essa mesma criança, aos 6-7 anos, quando já saiu do pensamento mágico e aceitou a reversibilidade do pensamento operatório, pode afirmar então a conservação da substância e reconhecer a independência dos deslocamentos da lua, descentrados de seus próprios movimentos, assim como resignar-se a não casar com sua mãe, reconhecendo que poderá casar-se mais adiante com outra mulher (o mais parecida ou diferente possível).

Estas respostas não implicam renúncia à pulsão, e sim que, por novas possibilidades que outorga o pensamento operatório, se pode chegar a uma elaboração diferente do mesmo interesse sexual, sem necessidade de renunciar a ele. Não se troca um objeto sexual por um não sexual, o que muda é o tratamento do mesmo.

A elaboração objetivante vai se articulando com a elaboração subjetivante, a serviço de um maior equilíbrio.

Para a psicanálise, os processos inteligentes surgem a partir de uma derivação da energia sexual para um objeto diferente e socialmente aceito. Quando a criança por volta de 5-7 anos entra no período de latência, a curiosidade sexual infantil típica da etapa edípica se reprime e se sublima.

A criança transforma a curiosidade sexual prévia, dirigindo-a para objetos de conhecimento socialmente aceitos. Esta derivação da energia motiva o interesse na investigação[6] – segundo a psicanálise – e implica, então, uma repressão exitosa e uma derivação da energia sexual.

Freud coloca, em *Uma lembrança infantil de Leonardo da Vinci,* que há três caminhos possíveis para a derivação da energia sexual. Eu vislumbro que há uma quarta possibilidade.

Acho que os três caminhos explicados são três situações possíveis quanto a modelos de funcionamento intelectual em alguns sujeitos. Sem dúvida, eu creio que existe uma quarta possibilidade que considero relacionada com a normalidade. Neste caso, não falaríamos de renúncia ao prazer no trabalho intelectual, não falaríamos de derivação de energia, nem tampouco estabeleceríamos uma diferença da pulsão de acordo com seus objetos, mas segundo o fim. Quer dizer quanto a que tipo de prazer (?) pretende-se com a

---
[6] Pulsão epistemofílica.

ação. A sociedade humana não implica a renúncia à pulsão (isto está muito bem argumentado por Sara Paín em um de seus livros), mas, ao contrário, provê de condições mais sofisticadas para sua satisfação, processo em que intervêm tanto a estrutura objetivante como a subjetivante. Quer dizer, podemos falar de uma pulsão, de uma energia que leva a aprisionar o objeto, a negar a carência, a negar a morte. Não é necessário ao acesso à cultura, a renúncia à pulsão. A inclusão em um grupo humano, com a aprendizagem de suas pautas culturais, implica um tratamento objetivante e subjetivante dessa pulsão, dessa energia.

Sei que estas ideias estão se gerando recentemente e requerem uma grande elaboração. Simplesmente estou abrindo um espaço de discussão. Creio que em torno destas questões gira o trabalho teórico que a psicopedagogia tem apresentado.

Os progressos de Sara Paín, explicitados em seus livros *Estructuras inconscientes del pensamiento* e *La génesis del inconsciente*, sobre a inteligência, o desejo e o inconsciente, deverão também ser analisados em profundidade.

"Minha professora nos diz gritando que não gritemos. Eu, há um ano ou dois não gritava tanto como agora, mas como as professoras gritam conosco, e nós atendemos afinal, nos acostumamos a que gritando se consegue a ordem e as coisas, como, por exemplo, que te preste atenção tua irmã ou outra pessoa, sem ter que explicar-lhe nada."

Maria Sol, 9 anos.

"Cheguei na escola e ninguém me escutava. Preferi não ser ouvido a ter que gritar como todos, porém não sei quanto vou aguentar, tenho medo de terminar como eles."

Eduardo, 15 anos. Primeiro dia de aula.

"Não podia subir com as outras pombas, depois subiu, e as outras não queriam deixar."

Amália, metaforizando sua história sem dar-se conta.

6

O fracasso na aprendizagem

Fracasso do que aprende ou fracasso do que ensina

A partir de minha experiência, tanto em consultório particular como de supervisão em diferentes instituições hospitalares e educativas, concluo que o fracasso escolar, em uma primeira aproximação, responde a duas ordens de causas (ainda que em geral achem-se sobrepostas na história de um indivíduo em particular) externas à estrutura familiar e individual do que fracassa em aprender, ou internas à estrutura familiar e individual.

No primeiro caso, falamos do problema de aprendizagem reativo, e no segundo, de sintoma e inibição. Para resolver o primeiro, necessitamos recorrer principalmente a planos de prevenção nas escolas (batalhar para que o professor possa ensinar com prazer para que por isso seu aluno possa aprender com prazer, tender a denunciar a violência encoberta e aberta, instalada no sistema educativo, entre outros objetivos), porém, uma vez gerado o fracasso e conforme o tempo de sua permanência, o psicopedagogo deverá também intervir, ajudando por intermédio de indicações adequadas (assessoramento à escola, mudança de escola, orientação a uma ajuda extraescolar mais pautada, a um espaço de aprendizagem extraescolar expressivo, etc.) a que o fracasso do *ensinante,* encontrando um terreno fértil na criança e sua família, não se constitua em sintoma neurótico.

Para resolver o fracasso escolar, quando provém de causas ligadas à estrutura individual e familiar da criança (problema de aprendizagem – sintoma ou inibição), vai ser requerida uma intervenção psicopedagógica especializada: grupo de tratamento psicopedagógico à criança, grupo de orientação paralelo de mães, tratamento individual psicopedagógico, oficina de trabalho, recreação e expressão com objetivos terapêuticos, entrevistas familiares psicopedagógicas, etc. Também vamos encontrar uma percentagem menor de crianças cujo fracasso vai responder à construção de uma modalidade de pensamento derivada de uma estrutura psicótica, e uma ainda muito menor proporção que se deve a fatores de deficiência orgânica. Em ambas as situações, em geral, ainda que por diferentes causas, não pode a criança estabelecer uma comunicação compreensível com a realidade, quer dizer que terá dificuldades para aprender.

O problema de aprendizagem que constitui um "sintoma" ou uma "inibição" toma forma em um indivíduo, afetando a dinâmica de articulação entre os níveis de inteligência, o desejo, o organismo e o corpo, redundando em um aprisionamento da inteligência e da corporeidade por parte da estrutura simbólica inconsciente. Para entender seu significado, deveremos descobrir a funcionalidade do sintoma dentro da estrutura familiar e aproximar-nos da história individual do sujeito e da observação de tais níveis operando. Para procurar a remissão desta problemática, deveremos apelar a um tratamento psicopedagógico clínico que busque libertar a inteligência e mobilizar a circulação patológica do conhecimento em seu grupo familiar.

"O problema de aprendizagem reativo", ao contrário, afeta o aprender do sujeito em suas manifestações, sem chegar a *atrapar* a inteligência: geralmente surge a partir do choque entre o *aprendente* e a instituição educativa que funciona expulsivamente. Para entendê-lo e abordá-lo, devemos apelar à situação promotora do bloqueio. O não aprendiz não requer tratamento psicopedagógico, na maioria dos casos. A intervenção do psicopedagogo dirigir-se-á fundamentalmente a sanear a instituição educativa (metodologia-ideologia-linguagem-vínculo).

Diz Sara Paín: "A função da educação pode ser alienante ou libertadora, dependendo de como for usada, quer dizer, a educação como tal não é culpada de uma coisa ou de outra, mas a forma como se instrumente esta educação pode ter um efeito alienante ou libertador". "Fundamentalmente, a existência da psicopedagogia clínica implica o fracasso da pedagogia." De fato, uma educação profilática desde a latência, evitaria a maioria dos problemas de aprendizagem, porém, tal educação tem que se inserir em uma realidade onde não seja exceção ou paliativo, mas a modalidade mesma da transmissão da cultura. Em outro instrumento de poder, esse processo tem uma missão alienante na qual a enfermidade cobra o sentido da denúncia, da mesma maneira que o barraco acusa o capitalismo. Mas essa denúncia é, no sujeito, renúncia. E a ambas aponta o tratamento para não ficar na manipulação técnica do indivíduo com o objetivo de reparar sua maquinaria pensante, de maneira que possa adequar-se à engrenagem, mas promover nele, simultaneamente, um máximo de independência e autovalorização, a concretização de uma sociedade, onde seu problema não seja possível."

Creio que Sara Paín está nos falando aqui de uma sociedade enferma e causadora de enfermidades, que provoca a oligotimia social e grande parte dos transtornos de "aprendizagem reativos", mas não os sintomas que respondem a outras determinantes.

A intervenção terapêutica psicopedagógica torna-se inapropriada para abordar a oligotimia social que muitas vezes pode funcionar como reafirmação do sistema, se o psicopedagogo torna-se ingenuamente cúmplice desta situação ao errar no diagnóstico. Os transtornos de aprendizagem reativos exigem da psicopedagogia clínica a criação de novas e mais eficazes propostas de abordagem, assim como impõem a necessidade de traçar estratégias preventivas. A diferença entre sintoma e problema de aprendizagem reativo é comparável à diferença existente entre desnutrição e anorexia. O anoréxico não come, o desnutrido tampouco, mas a articulação do não comer em um caso é totalmente diferente do outro. No anoréxico, poderíamos dizer que houve um *atrape* do comer, por desejos de ordem inconsciente, pelo que, apesar de ter comida, não come. Enquanto que na desnutrição, o desejo de comer está ou esteve presente, o que falta é a comida.

O sintoma-problema de aprendizagem expressa o *atrape* do aprender por desejos inconscientes. As possibilidades existem, como a comida para o anoréxico, mas se perdeu o desejo de aprender. Em troca, a criança que apresenta um problema de aprendizagem reativo pôde, como o desnutrido, desejar aprender, mas não lhe foram proporcionadas situações de aprendizagem viáveis.

Por certo que, levando a comparação ao extremo, assim como um desnutrido pode transformar-se em anoréxico como uma defesa, em maior grau ainda um problema reativo pode dar lugar a um sintoma.

Assim como em todas as classes sociais pode aparecer a anorexia, em todas as situações socioeducativas pode aparecer o problema de aprendizagem-sintoma. Da mesma maneira que não confundimos desnutrição com anorexia, tampouco confundimos problema de aprendizagem-sintoma ou inibição com o quadro que o sistema socioeducativo impõe na modalidade de aprendizagem do sujeito, cerceando suas possibilidades de aprender ou escamoteando-lhe o conhecimento.

Muitas crianças não demonstram sintomas na aprendizagem, imersos em um sistema educativo deplorável, enquanto outros sintomatizam gravemente seu aprender, dentro de sistemas educativos muito bons.

Tentei diferenciar a patologia individual a nível de aprendizagem, a qual pode instalar-se em um sujeito de patologia social atribuída a determinado tipo da sociedade.

Assinalei assim mesmo três formas possíveis, em meu entender, na manifestação individual do problema de aprendizagem: sintoma, inibição cognitiva e dificuldade de aprendizagem reativa.

Problema de aprendizagem-sintoma

Remetemo-nos ao uso psicanalítico do termo sintoma.

Comparamos o sintoma-problema de aprendizagem, na dinâmica de sua gestação, com o sintoma conversivo. Freud chega à noção de inconsciente a partir da inoperância das explicações e abordagens terapêuticas da medicina de sua época, frente a determinadas enfermidades que apareciam no corpo. Ele chega a entender que havia uma conversão simbólica inconsciente para o corpo. Frente a tal inoperância da medicina de sua época para resolver essas patologias, Freud começou a ouvir o paciente, e, por essa palavra, chegou a encontrar o caminho da cura. A partir daqui, também, no plano da teoria, foi possível começar a pensar nas "formações do inconsciente", sendo o sintoma uma delas. O inconsciente não se manifesta em forma direta, nem se pode circunscrever ou delimitar, aparece nas fraturas: o "chiste", o lapso, o ato falho, o sonho e o sintoma.

Então, deixando falar os pacientes, em primeiro lugar aqueles que apresentavam paralisias não explicadas pelo anatômico-funcional, ainda que a manifestação externa da paralisia fosse semelhante a outra onde se encontrava uma causa anatômico-funcional, Freud chega a compreender que o membro paralisado havia passado a simbolizar alguma situação reprimida.

De maneira semelhante, fala-se de enurese-sintoma, quando a função corporal está preservada, porém o controle de esfíncteres passa no dramático inconsciente desse sujeito a encenar uma situação diferente, de acordo com sua história pessoal. Em determinada criança, a enurese pode significar um descontrole como rebelião a um controle excessivo; em outra, poderia estar representando o desejo de não crescer.

Para chegar ao significado do sintoma, vai ser imprescindível recorrer à história pessoal do sujeito. Somente podemos generalizar os atributos que correspondam à enurese como "signo", mas aquilo que faz a amarra simbólica será dado pela história original e única de cada um. Para eliminar o sintoma, dever-se-á trabalhar com estas representações simbólicas e seus significados; não é necessário apelar à função da micção.

Laplanche diz que o sintoma "é um sinal com significação simbólica". Nós, ao falarmos de sintoma, diferente do significado que possa ter esta palavra no uso comum ou no uso médico, estamos falando de algo que tem a ver com o signo e com o símbolo.

No símbolo, a relação significante-significado é menos arbitrária, e essa arbitrariedade legaliza-se individualmente. Cada um, a partir de sua história, irá conformando estas relações.

O sintoma alude ao conflito e o ilude. Ilude-o para não contatar com a angústia, mas, ao mesmo tempo, está mostrando uma marca, assinalando, quer dizer, aludindo ao conflito. O sintoma é o retorno do reprimido. É uma transação que tem a ver com uma luta entre instâncias conscientes e inconscientes, para que aquilo que se pretendeu, e se pretende reprimir, mantenha-se reprimido: não é algo que sucedeu no passado e foi sepultado. Há uma luta constante, uma batalha permanente para que o reprimido não apareça. O retorno do reprimido aparece de forma transacional e substitutiva pelos movimentos de condensação e deslocamento. Metáfora e metonímia. Em todo sintoma, diz Mannoni, há uma mensagem encapsulada, o sujeito está falando por meio do sintoma com sinais de um código pouco ou nada comunicável. Alude e ilude. Denuncia e renuncia.

O código que escolhe o sintoma para falar nunca é escolhido ao acaso. Se o sintoma consiste em não aprender, se o lugar escolhido é a aprendizagem e o *atrapado* a inteligência, está indicando algo relativo ao saber ou ocultar, ao conhecer, ao mostrar ou não mostrar, ao apropriar-se. Diz-se que o sintoma é como um disfarce. Eu creio que em alguns problemas de aprendizagem o sintoma atua como um convidado engenhoso a uma festa à fantasia que escolherá um disfarce de si mesmo, como forma de tornar mais difícil a tarefa de descobri-lo. Primeiro teria que descobrir, dar-se conta de que está disfarçado, para em seguida pensar quem está por trás da máscara. No sintoma de aprendizagem, a mensagem está encapsulada e a inteligência *atrapada;* não possui as palavras objetivantes, nem os recursos da elaboração cognitiva acham-se disponíveis. A criança renuncia ao aprender, ou aprende perturbadamente, marcando a construção de sua inteligência e de seu corpo. O sintoma-problema de aprendizagem traz consigo, habitualmente, perturbações instrumentais expressas no corporal; à medida que está *atrapada* a possibilidade de aprender e esta instala-se na infância, perturbará consequentemente a estrutura cognitiva e a imagem corporal.

Especificidade do sintoma-problema de aprendizagem

O sintoma na aprendizagem tem um caráter diferente e uma especificidade particular em relação aos outros sintomas. Aparentemente não é um sintoma conversivo, não há uma conversão clara, única ou pontual ao corporal. O que se *atrapa* é a inteligência, e mais precisamente a capacidade de aprender, que não é uma parte do corpo nem uma função corporal. A estrutura inteligente forma parte do inconsciente, e a aprendizagem é uma função em que participam tanto a estrutura inteligente como a estrutura desejante, ambas inconscientes.

Em segundo lugar, o *atrapado* no sintoma-problema de aprendizagem é uma estrutura genética. Não produzem o mesmo efeito a paralisia que aprisiona o braço e a que *atrapa* a inteligência. O braço não poderia chegar a deter seu crescimento como o faz a inteligência. Não poderíamos encontrar um braço de cinco anos em uma mulher de trinta anos, como tampouco poderíamos encontrar um braço transformado em diferentes níveis, expressando um sintoma histórico, pois o braço é uma estrutura orgânica. Poderíamos, ao contrário, encontrar-nos com uma inteligência detida ou transformada em diferentes níveis de desorganização, produto de um sintoma instalado no momento de seu desenvolvimento.

Metaforizo a inteligência *atrapada* como um preso que constrói sua própria cela. Não o puseram no cárcere contra sua vontade. Certamente o condenaram à prisão, porém ele construiu os barrotes e é ele quem tem a chave para poder sair. De fora podemos ajudá-lo mostrando que o mundo não é perigoso, que é melhor sair, que ele pode libertar-se, que não é culpado, mas o único que poderá abrir a porta é ele, por dentro. O sintoma-problema de aprendizagem é a inteligência detida, construindo de forma constante seu aprisionamento.

Inibição cognitiva

A inibição cognitiva divide com o sintoma uma etiologia onde o que prima são os fatores individuais e familiares, quer dizer, a articulação do organismo, o corpo, a inteligência e o desejo na história original de um ser humano. Na casuística encontrei uma percentagem menor de problemas de aprendizagem apresentados como inibição cognitiva do que de problemas de aprendizagem-sintomas ou reativos.

Assim como dizíamos que o sintoma é a volta do reprimido, a inibição implica uma repressão exitosa. Para fazer uma inibição, requer-se um aparato psíquico mais evoluído do que para fazer um sintoma; por isso, nas crianças, é mais comum ver sintomas do que inibições cognitivas. A inibição cognitiva tem a ver com uma evitação, não com uma transformação da função. No sintoma, encontramos transformação, condensação e deslocamentos; na inibição, encontraremos diminuição, evitação ao contato com o objeto do pensamento. Não é característico da inibição a alteração no pensar, mas o evitar o pensar. Não vamos nos encontrar com alterações no aprender, como, por exemplo, a omissão, alteração de letras ou dificuldades pontuais tipo discalculia, mas o pensar em seu conjunto e o aprender será evitado. Freud explica que a inibição, em geral, tem a ver com uma sexualização da função inibida. Freud não fala de inibição cognitiva. Nós estamos usando a terminologia psicanalítica para aplicá-la à problemática da aprendizagem. Cremos que quando está sexualizado o pensar, o conhecer, o aprender, é possível produzir-se um tipo de inibição que chamamos inibição cognitiva. Pode estar sexualizado o objeto de conhecimento e a função, ou o processo que rodeie esse objeto, inibindo-se o aprender. O conhecer implica aproximar-se do objeto do conhecimento, porém o objeto do conhecimento pode estar sexualizado e, por este motivo, sexualiza-se também o conhecimento. Sexualiza-se a elaboração objetivante e então evita-se usá-la. Os casos de inibição cognitiva vão ser mais difíceis de abordar do ponto de vista psicopedagógico do que os sintomas; a abordagem vai ser, além do mais, diferente.

A modalidade de aprendizagem na inibição, em geral, remete a uma diminuição apresentando-se como hipoassimilação/hipoacomodação. Ao contrário, no sintoma, a modalidade de aprendizagem vai aludir ao conflito e ao desequilíbrio, apresentando-se como hiperassimilação/hipoacomodação ou, ao inverso, como hipoassimilação/hiperacomodação.

Fracasso escolar por problema de aprendizagem reativo

O determinante em sua produção tem a ver com fatores externos à criança ou ao adolescente. Resulta, por exemplo, a má inserção no meio educativo, ou modificado certo vínculo *ensinante-aprendente,* poderá superar-se o transtorno de aprendizagem, já que não se instalou na estrutura interna do paciente, nem se prendeu a esta situação externa com significações atribuídas inconscientemente pelo sujeito ao aprender e ao conhecer, anteriores a esta determinante externa. O problema de aprendizagem reativo não implica necessariamente uma modalidade de aprendizagem alterada, nem uma atribuição simbólica patológica ao conhecer, nem uma inteligência *atrapada.*

Ainda que não contemos com estudos estatísticos que permitam determinar a incidência desta patologia em relação à percentagem total da demanda nas instituições, por minha experiência direta e a nível de supervisão há já 15 anos, posso pensar que uns 50% das consultas podem ser atribuídas a uma causa que não é sintomática de uma família e de um sujeito, mas de uma instituição socioeducativa, que expulsa o *aprendente* e promove o repetente em suas duas vertentes (exitoso e fracassante).

Há um repetente exitoso (que não se preocupa nem se o chamam de repetente): é o que se acomoda ao sistema, imita, não repete o ano, mas repete textos de outros, repete *consignas,* submete-se, não pensa, mas triunfa porque repete o que os outros querem. Este repetente ninguém encaminha à psicopedagogia, ainda que devesse estar em nossos principais objetivos de trabalho preventivo.

Há outro, a que se chama repetente por repetir de ano. O fracasso na escolarização da maioria deles é um problema reativo a um sistema que não os aceita, que não reconhece seu saber e os obriga a acumular conhecimentos.

"A escola – diz Mannoni –, depois da família, converteu-se hoje no lugar escolhido para fabricar neuroses – que são 'tratadas' posteriormente em escolas paralelas chamadas hospitais de dia". "É necessário dizer que a adaptação escolar – escreve F. Dolto – é agora, salvo raras exceções, um sintoma importante de neurose". "Os analistas encontram-se com uma forma nova de enfermidade que não precisa ser 'tratada'. Consiste na negativa de adaptar-se, *sinal de saúde* da criança que rechaça esta mentira mutiladora em que a escolaridade a aprisiona."

"Até que ponto é preciso ser inteligente para ser boba?
Os outros disseram-lhe que era boba. E ela se fez
de boba para não ver até que ponto
os outros eram bobos ao imaginá-la boba,
porque não ficava bem pensar que eram bobos.
Preferiu ser boba e boa,
a ser má e inteligente.

É ruim ser boba: ela precisa ser inteligente
para ser tão boa e boba.
É ruim ser boba, porque isto demonstra
até que ponto os demais foram bobos
quando lhe disseram que era muito boba."

R. Laing

7

Família e aprendizagem

Diagnóstico familiar

A palavra diagnóstico provém de *dia* (através de) e *gnosis* (conhecimento). Se nos atemos à origem etimológica e não ao uso comum (que pode significar rotular, definir, etiquetar), podemos falar de diagnóstico como "um olhar-conhecer através de", que relacionaremos com um processo, com um transcorrer, com um ir olhando através de alguém envolvido mesmo como observador, através da técnica utilizada e, nesta circunstância, através da família.

Quando o paciente designado é uma criança ou adolescente, nosso modo de diagnosticar talvez tenha a ver com olhar-conhecer a criança através da família.

Não temos ainda precisado nem a teoria nem a técnica que nos permita abordar a família como objeto diagnóstico. Sem dúvida, a participação da família no DIFAJ, que começamos a instrumentar, principalmente em consideração à sua eficácia terapêutica, nos demonstrou ser de grande utilidade para esclarecer em menos tempo e com maior profundidade a etiologia do sintoma e as características de suas pautas de manutenção. (Ver capítulo 1).

Perguntamo-nos sobre a existência de "famílias-problema de aprendizagem", que possam diferenciar-se claramente de outras famílias com um membro com problemas de aprendizagem. Obviamente, a existência de mais de um membro com problemas de aprendizagem não é, por si só, um indicador de "família-problema de aprendizagem".

Ainda que esta questão mereça uma análise demorada, em especial aos efeitos teóricos e de indicação terapêutica, o DIFAJ não se baseia na hipótese de considerar a família como nosso paciente. Sabemos também que o paciente trazido à consulta não deve ser recebido somente porque a família, a escola ou o médico o designam como "o paciente".

Muitas vezes, observei (especialmente na clínica particular) que o fracasso circunstancial na aprendizagem de um dos membros de uma família era utilizado como uma estratégia para solicitar ajuda para outra criança que apresentava um sintoma neurótico ou uma estrutura psicótica não declarada pelos pais. Nestas circunstâncias, o DIFAJ permite esclarecer rapidamente tal situação e efetuar a indicação adequada.

Na experiência hospitalar, às vezes, a consulta para um dos filhos menores que apresentava um problema de aprendizagem reativo permitiu observar a existência de oligotimias ou psicose em outros irmãos, possibilitando assim não só um diagnóstico diferencial mais rápido, entre problema de aprendizagem reativo e sintoma, mas também um trabalho preventivo para que o fracasso escolar não constituísse um sintoma e uma indicação terapêutica focalizada naquele que levava a carga maior de patologia. (Um exemplo desta situação oferece a família de Gabriela.)[1]

A presença da família no DIFAJ, à medida que ajuda a observar mais rapidamente a existência de significações sintomáticas localizadas em vínculos em relação ao aprender, permite realizar diagnósticos diferenciais entre sintoma (problema de aprendizagem-sintoma) e problemas de aprendizagem-reativos.

Nosso "olhar através da família" leva em conta simultaneamente três níveis: individual, vincular e dinâmico, que se entrecruzam, por sua vez, com dois olhares: o que considera principalmente as imagens, sensações e ideias de cada um dos membros do grupo familiar, e o que a equipe terapêutica percebe.

1) Nível individual. Centra-se no paciente-designado, com sua particular inter-relação organismo-corpo-inteligência-desejo.

Todo ser humano acha-se transversalizado por uma rede particular de vínculos e significações em relação ao aprender, conforme seu grupo familiar. Circunstância que se destaca facilitando a observação, ao encontrar-se o paciente em um quadro onde divide momentos com todo o grupo, outros

---

[1] Ver "Apêndice".

com seus irmãos e outros somente com o terapeuta. Nós nos detemos a observar em que medida estas três situações modificam:

a) a atitude da criança ante o exterior (observando seus deslocamentos, seu olhar, o tipo de escuta, etc.);
b) o modo de transmitir ou expressar seus sentimentos e ideias;
c) sua disponibilidade corporal;
d) seu grau de curiosidade;
e) a forma de expressão verbal, etc.

Assim, por exemplo, Gabriela destaca-se no grupo familiar e se perde fora dele. No grupo familiar, é a única que pode mostrar o desacordo; por exemplo, todos dizem que ela gosta mais da casa atual, e ela afirma que não lhe agrada; ou no grupo de irmãos, todos afirmam que vão com entusiasmo à escola, e ela pode dizer que a escola não a entusiasma. Em casa pergunta, brinca, ri, fala, e na escola "a professora me disse que eu parecia surda-muda". Na hora de jogo, onde se encontra só (sem a família) com a terapeuta, não se anima sequer a tocar a caixa, ainda que não demonstre uma atitude fóbica, nem de inibição cognitiva, já que pode dizer à terapeuta, que atua como um eu auxiliar, o que deve ir fazendo; tem ideias, como a de inventar uma mesa usando duas cadeiras para colocar a caixa, que ela não toca (a caixa pode representar o objeto por conhecer fora da família). Enquanto que Amália (ver apêndice), ainda que necessite por momentos o suporte que lhe outorga principalmente seu irmão, é nas entrevistas a sós com a terapeuta que sua palavra encontra suporte; vai dizer, fazendo o desenho de uma menina encarcerada (da mesma forma que seu aprender): "Esta presa quer escapar, é uma menina, grita, grita: Quero sair! – Não, não, lhe dizem, ela diz que vai fugir, que viu um buraco no teto para sair, uma janela".

Também Maria Florência, a irmã de Gabriela, que não foi trazida à consulta, mas em quem nós percebemos uma problemática de ordem da oligotimia, diz no momento em que se encontra a sós com a terapeuta (tendo permanecido imóvel e quase muda em todo o resto da experiência): "Tenho medo de tudo. Minha mãe não sabe que tenho medo. Se lhe digo que tenho medo, vai se aborrecer. Eu terminei bem a sétima série; minha mãe me faz repeti-la em uma escola de adultos".

O magnífico desenho da família que vai nos mostrar Gabriela, nos permitirá compreender porque ela não pode sair para aprender fora do grupo familiar (ver apêndice). Vai escrever:

"Meu irmão *e* está caminhando
meu pai *e* está com o martelo
mamãe *e* está com a escova
minha irmã *e* está cozinhando.
Minha outra irmã está limpando
(aqui não precisa o *e* porque esta irmã já não mora mais em casa).
E eu estou brincando."

Ela é o *e* que junta à família. "Quando ela não está, sente-se um vazio", nos dirá o irmão.

Quanto à observação que o DIFAJ nos permite, da criança nas diferentes situações vinculares familiares, é comum observar que crianças com problemas de aprendizagem, cuja significação está relacionada com o cumprimento de um desejo paterno relativo a não crescer, falem infantilmente somente diante de seus pais (zezeos, dislalias, etc.). A observação de diferentes circunstâncias vinculares e sua incidência na modificação do agir da criança, abrem um caminho de investigação e possibilidade de esclarecimento (principalmente para o paciente e seus irmãos) muito interessante.

Em uma entrevista fraterna, apresentou-se o seguinte diálogo:

Maria, ao irmão (Juan): "Que? Não te entendo."
Terapeuta: "O que é que não entendeste, Maria?"
Maria: "Nunca o entendo, mamãe tem que traduzir."
Terapeuta: "Eu o entendi. Como é isso de mamãe ter que traduzir para entendê-lo?"
Maria: "Não precisa traduzir, agora não precisa traduzir."
Terapeuta: "Eu agora não te entendo. Quem não precisa traduzir?"
Juan: "Minha mamãe."
Terapeuta: "Quando mamãe não está, que não é preciso traduzir, e tu falas com Maria, o que acontece?"
Silêncio... Logo Juan diz: "Maria, me escuta, vou te dizer algo." *Maria:* "Está certo, eu posso entendê-lo quando mamãe não está." *Juan:* "Eu sei falar quando mamãe não está."

2) *Nível vincular.* Focaliza-se na modalidade de circulação do conhecimento e da informação entre os membros da família. Prestamos particular atenção em:

a) característica dos segredos e tipo de alianças e distribuição de subgrupos para as exclusões ou inclusões em relação a eles.[2]
b) As possíveis qualificações e desqualificações.
c) As mensagens. Sua natureza (implícitas ou explícitas), se são dados argumentos para explicar as opiniões, seu conteúdo, sua coerência, a contradição ou articulação entre as mensagens verbais e paraverbais.
d) Modo de atribuição de verdade ao conhecimento ou à informação. Por exemplo, se a autoridade é usada (do médico, professor ou outro personagem) como argumento de verdade.
e) A metodologia utilizada para ensinar (a caminhar, a controlar esfíncteres). Castigos, sanções, prêmios.
f) A informação: como se transmite? Quem a transmite? Informações sobre sexualidade, sobre a história da família, sobre o trabalho dos pais, sobre a história da criança, etc.
g) Atitude ante o outro como "investigador" do conhecimento: se é facilitada a pergunta, se as lembranças são guardadas e mostradas, e que tipo de lembranças (fotos, estudos médicos, etc.).
h) Aceitação ou rechaço da autonomia de pensamento, se é levada em conta a opinião do paciente designado, se lhe é pedida opinião, se é escutado, se é ignorado, etc.

Assim, ante a pergunta "Quem decidiu a mudança de escola?", uma mãe responde: "Eu", e quando a terapeuta pergunta quem toma em geral as decisões, o pai responde: "A mamãe do grupo". Se é pedido a todos que tratem de lembrar alguma vez em que cada um reconheça ter tomado uma decisão, então chegam a ver, eles mesmos, que as decisões da casa e do trabalho "sempre são tomadas por papai", menos quando se trate de Dani (o paciente): "Aí é mamãe quem decide".

3) *Nível dinâmico.* Destinado a esclarecer o sistema de papéis necessários para o funcionamento e manutenção da estrutura familiar e os modelos de interação possíveis.

Grau de contato com a realidade circundante (se o sistema o permite, o castiga, o proíbe, ou o estimula). Se admite, sanciona ou estimula a autonomia de seus membros. Se respeita a privacidade ou o direito de guardar informação pessoal sem ser considerado por ele um segredo.

---
[2] Ver "O acionar do segredo na família".

Às vezes, somente a descrição por um dos membros da família, na circunstância do DIFAJ, de alguns aspectos, como quem impõe a autoridade no grupo, ou a quem se recorre quando há algum problema, serve como maneira de começar a separar o aglutinado.

Causalidade linear ou circularidade causal[3]

A causalidade linear foi superada a nível das ciências e particularmente das ciências humanas; entretanto, muitos psiquiatras, psicopedagogos e médicos continuam usando este critério quando querem atribuir a causa da enfermidade a um ou outro fator. Pensar que a família, por exemplo, determina o problema de aprendizagem de um de seus integrantes, ou que o doente determina por meio de sua enfermidade genética o tipo de organização familiar e as reações familiares, supõe pensar em termos de causalidade linear. Nós, para diagnosticar, recorremos a um critério de causalidade circular ou estrutural.

As famílias queixam-se com frequência de que o paciente é a causa de desequilíbrio e conflitos familiares. Supor que o grupo familiar é o causador da enfermidade da criança implica aplicar o mesmo raciocínio ao inverso. Muitas vezes, aqueles que usam o esquema sistêmico caem neste erro. Também se pode cometer um erro metodológico similar ao supor o fator social, econômico ou educativo como única causa.

Através das séries complementares, Freud nos proporciona um modelo excelente para compreender o lugar da família na gestação do problema de aprendizagem. A combinação de fatores congênitos, hereditários, junto com as experiências infantis no ambiente familiar ou social, constituem a chamada série da disposição, a qual, por influência dos motivos atuais ou desencadeantes, por sua vez condicionados pela disposição, determina o surgimento da enfermidade mental.

"Atualmente, levando em conta os ensinamentos de muitos anos de experiência clínica e a contribuição de outras disciplinas como a linguística, a antropologia, a psicopedagogia, a biologia e a epistemologia genética, devemos ampliar a abrangência dos termos 'herança', 'constitucional', 'fatores congênitos'; 'o constitucional' deve desdobrar-se para envolver o que em um determinado momento foi denominado de 'herança cultural', toda a ordem pré-histórica que vem a marcar o pequeno sujeito desde muito antes de seu nascimento efetivo, ainda antes de seu crescimento no ventre materno, então

---

[3] Ver Circularidade causal, Capítulo 2.

aí, quando 'se fala' (Lacan) dele, dando-lhe antes de mais nada um corpo de palavra"... pensemos nele "como ar, como aquele que – e não é mera metáfora – respira-se a cada bocada do 'outro ar'." "Aquele que articula, através dos mais diversos objetos, a relação do sujeito a um lugar, não só mediante ditos, mas também através de todo tipo de dispositivos e práticas cotidianas (na qualidade que tome ao tocar um filho, por exemplo)."[4]

A família do paciente-problema de aprendizagem

Não encontramos um tipo de família que corresponda ao paciente-problema de aprendizagem. Os aspectos diferenciais da família que provê um terreno fértil para a formação de um sintoma na aprendizagem relacionam-se com o tipo de circulação do conhecimento e especialmente com o acionar do segredo.

Voltando a nosso recorte de quatro níveis (orgânico, corporal, intelectual e desejante) que entram em ação para que se possa aprender, observamos que, tanto na construção como na dinâmica de cada um deles, intervém a família.

A família do paciente-problema de aprendizagem apresenta-se amiúde como um bloco indiferenciado, em que cada um pode viver se tiver um outro de quem ser ou a quem converter em parasita. A tentativa de diferenciar-se pode chocar-se com o mandato ou a estrutura do clã de suprimir ou neutralizar a diferença.

O trabalho orientado para compreender e vivenciar a diferença entre discriminação e separação, entre diferenciação e exclusão, é comumente um objetivo central do tratamento psicopedagógico.

Para as famílias cujo sistema se baseia na indiferenciação, torna-se difícil aceitar que pensar diferente não quer dizer rechaçar o outro; que pode haver pontos de vista diferentes sobre uma experiência em comum, sem que isso signifique que um seja bom e o outro seja mau; que é possível e necessário que os membros de uma família ou de um casal vivenciem uma mesma cena e, não obstante, a relatem diferentemente, conforme a tenham sentido, sem que isso implique que um relato seja verdadeiro e o outro mentiroso.

Sendo o aprender um possibilitador de autonomia, tanto para a criança como para o adulto, e sendo possível ser *atrapado* por desejos de ordem inconsciente, os sistemas familiares estruturados e estruturantes de indiferenciação são um terreno fértil para a gestação de sintomas na aprendizagem.

---

[4] Ricardo e Marisa Rodulfo, *Clínica psicoanalítica em niños adolescentes*, Lugar, Buenos Aires, 1986.

Reconhecendo a importância deste aspecto, queremos propor um modelo diagnóstico que ajude a recortar-se cada um dos integrantes do grupo familiar. Do mesmo modo como a instituição (escolar, hospitalar) com frequência reproduz os defeitos das famílias psicogênicas, tal como o assinala Maud Mannoni, o modelo diagnóstico que só oferece um espaço compartilhado para algumas crianças, pode vir a ser negativo.

A família e "a família"

Laing trabalha com o conceito de família internalizada ("família"). Internalizar significa transferir certo número de relações que constituem um conjunto; portanto, "a família" não é um objeto introjetado, mas um conjunto de relações internalizadas. Quer dizer que o que se internaliza é a família como sistema, não os elementos isolados. Por exemplo, os pais podem ser internalizados como unidos ou como distanciados, como figuras que ensinam ou como figuras de quem temos que cuidar; os irmãos podem ser internalizados como pares, com os quais se pode competir e a quem se pode ensinar e de quem se pode aprender, ou podem ser internalizados exclusivamente como figuras que ensinam. Sendo a "família" não um objeto internalizado, mas um conjunto de relações internalizadas, o que se aprende tampouco poderíamos dizer que são objetos como tal, mas pautas de relação que por meio de operações internas continuam se transformando, e a partir das quais uma pessoa vai desenvolver sua peculiar modalidade de aprendizagem.

Acreditamos ser impossível avaliar o alcance destas operações e transformações internas, recorrendo exclusivamente à técnica psicanalítica ou à psicopedagogia clínica de alcance individual; necessita-se, além disso, da análise sobre a família, articulada com a análise sobre "a família".

"A família" como fantasia pode ser inconsciente. Os elementos desse modelo dramático que é "a família", aparecem na consciência sob a forma de diferentes imagens. "A família" sofre modulações e outras transformações no processo de internalização e em sua história posterior como fantasia. "A família" transposta à família (ou transferida a outras situações) não é um simples conjunto de objetos introjetados, mas muito mais uma matriz de *dramas,* de pautas de sequências tempoespaciais a representar. Da mesma forma que um rolo de filme, todos os elementos estão presentes simultaneamente, dispostos de modo que entrem em cena uns após os outros como uma projeção cinematográfica. O rolo é a família interna.[5]

---

[5] R. Laing, *El cuestionamento de la familia,* cit.

A internalização de um conjunto de relações por cada um dos elementos desse conjunto transforma a natureza dos elementos, suas relações e o conjunto num grupo de uma classe muito especial. Esse conjunto de relações da "família" pode ser transposto a nosso corpo, sentimentos, pensamento, fantasia, sonhos, percepções; pode converter-se em argumentos que movem nossos atos e ser transposto a qualquer outro aspecto.

Na sociedade moderna e, mais precisamente, em uma estrutura como a da família conjugal, limitada a um só casal e seus filhos, o isolamento é um dos estigmas, assim como o campo de gestação para formas específicas de insegurança. Max Weber nos proporciona elementos interessantes para poder explicar a influência de certas características sociais na gestação de determinados problemas de aprendizagem, muitos deles de caráter reativo, e ainda dos que denominamos sintoma.

Este autor explica as dificuldades da época moderna em relação com a comunidade da Idade Média. Na passagem da comunidade à sociedade atual, perdeu-se o que no funcionamento da classe dos pais poderia ser considerado uma garantia contra a arbitrariedade de um pai tirânico, por exemplo. Quer dizer que, na época da comunidade – conforme Weber – havia menos perigo de que a autoridade se baseasse na arbitrariedade. Se a criança tinha dificuldades com um pai, sempre poderia encontrar outro que o substituísse, reflexiona Mannoni.

David Cooper assinala que o tipo de organização familiar atual torna seus membros anônimos. Lacan disse que do sujeito definido exclusivamente pela família, fica somente o nome escrito sobre uma lápide, e Mannoni afirma que "os pais inconscientemente deixam a seu filho a carga de refazer sua história, mas refazê-la de tal maneira que nada deveria mudar, apesar de tudo. O paradoxo em que a criança está presa produz logo efeitos violentos; com efeito, raramente há oportunidade de que a criança se realize em seu próprio nome".[6]

"O Édipo é uma forma cultural entre outras possíveis, forma em que se costuma distinguir duas funções: uma de repressão (formação do superego, proibições) e outra de sublimação (formação do ideal do eu). O dramático é que estas noções freudianas foram utilizadas em pedagogia e em psiquiatria unicamente de forma normativa, quer dizer, como condicionamento à sociedade existente, sem que em momento algum se ponha em julgamento a servidão em que o sujeito se encontra aprisionado."[7]

---
[6] M. Mannoni, *La educación imposible (La teoria en entredicho?)*
[7] Idem.

O lugar do que não pode aprender

O problema de aprendizagem-sintoma não é uma resposta a um estímulo externo, como o lugar destinado pela família; entretanto, a atribuição do "lugar do que não sabe", se é articulada com uma particular organização-organismo-corpo-inteligência-desejo, vai provocá-lo.

Atribuir a uma pessoa um lugar dentro de um grupo familiar, a induz a desempenhar este papel. Tal adjudicação de lugar é ignorada pelo conjunto das pessoas que intervêm nesta operação, assim como num contexto hipnótico não se diz ao hipnotizado o que deve ser, mas se lhe assinala o que é, e aí a eficácia do mandato. Da mesma maneira, a atribuição do "lugar do que não aprende" é muito mais poderosa que outra forma de coerção.

Na família, os hipnotizadores-pais foram e são por sua vez hipnotizados por seus pais, pela propaganda, etc., "e cumprem as ordens deles quando educam seus filhos para que eduquem seus filhos... desse modo, que inclui não se dar conta de que se está cumprindo instruções, já que uma das instruções é não pensar que a alguém se ordenou agir assim". "Se eu o hipnotizo, não lhe digo: 'Ordeno que sinta frio'. Digo que faz frio. Você imediatamente sente frio". "Nos é dito que somos um bom menino ou uma boa menina, e não simplesmente que devemos ser um bom menino ou uma boa menina."[8]

Assim, um pai nos diz em uma entrevista familiar: "Ele não tem boa cabeça, pobrezinho, é igual a mim". Outra mãe, quando traz seu filho sorridente à consulta, diz: "Vai chorar, porque quer que eu fique". Estas palavras foram suficientes para que a criança começasse a chorar.

Pavlovsky, estabelecendo um diálogo com Laing, afirma: "A maioria de nós está submerso em um transe hipnótico que remonta aos primeiros anos. Permanecemos nesse estado até que de repente despertamos, e descobrimos que nunca vivemos ou que vivemos induzidos por outros que, por sua vez, foram induzidos por outros. A ideologia é subterrânea. Tudo é como um profundo mal-entendido. Se despertamos de repente, ficamos loucos. Se despertamos pouco a pouco, nos tornamos inevitavelmente revolucionários em algumas de suas múltiplas formas, e então tentamos modificar destinos. Se não despertamos nunca, somos gente normal e não prejudicamos ninguém."[9]

Dialogando, nós, com Laing e Pavlovsky, podemos perguntar-nos o que acontecerá quando o conteúdo e a forma do mandato coincidirem: por exemplo, "não podes pensar", diferente de "não podes ser feliz". Neste se-

---

[8] R. Laing, *El cuestionamento de la familia*, cit.
[9] E. Pavlovsky, *Lo grupal 2*, Búsqueda, Buenos Aires.

gundo caso, perguntar por que não posso ser feliz, quem quer que não seja feliz, a quem convém que não seja feliz, etc., não transgride por si só a ordem. No primeiro caso se obstrui a pergunta, pois esta implica pensar.

O acionar do segredo na família

"Não há segredo de um só. O segredo age tanto na mente de quem o comunica como de quem o recebe". Como diz Berenstein, o segredo é em algumas famílias um elemento estrutural. Trata-se de informações vinculadas com a história do grupo familiar ou aspectos particulares de um de seus membros, que, em geral, são ocultados parcialmente, com a certeza de que não são desconhecidos por outro dos integrantes.

O segredo que cobra valor patogênico é aquele que uma pessoa não decide guardar, ou que se vê obrigada a esconder.

O segredo pode agir de diferentes formas:

a) A sabe, B lhe deu a informação e a ordem de não dizê-lo a C. A sabe que B sabe que ele sabe.

Duas ou mais pessoas compartilham um segredo, e uma recebeu mandato de calar em detrimento de um terceiro excluído do segredo. Exemplo: o pai diz ao filho que tem uma amante, mas que não diga à mãe, porque vai fazê-la sofrer.

Este segredo refere-se não tanto ao desconhecimento, mas à impossibilidade de citar ou comentar um fato, a partir da não possibilidade de simbolizar esta situação; o que deve guardar o segredo pode construir um problema de aprendizagem da ordem do sintoma, e as dificuldades em tal caso se centrarão no *mostrar*. Pode ser o caso da criança que sabe, mas não pode responder por escrito, porque é aí onde se mostra que ela sabe (o caderno funciona em geral como um mostruário); do adolescente que aprende, pensa, mas fracassa nos exames; do psicopedagogo que trabalha bem, mas não pode apresentar um caso em uma instituição, ou não pode ensinar-mostrar, ou não pode escrever ou dar a conhecer o que faz.

Não poderíamos dizer que o aprender está *atrapado* em sua totalidade, mas nesta dialética que a aprendizagem normal implica entre o mostrar e o guardar, se somente se entender o guardar, sem sentir-se com direito a mostrar, pode culpabilizar-se extensivamente todo guardar como se fosse um esconder, e então ir se perdendo paulatinamente também a possibilidade de guardar.

b) A sabe, porque espiou B. B não sabe que A sabe. Se A mostra o que sabe, fica em falta por ter espiado. Deve esconder a informação.

Ao querer sepultar esta informação, em geral arrasta muito do desejo de conhecer, que fica culpabilizado. A partir de uma dificuldade na simbolização e ressignificação, costuma aparecer nestes casos uma inibição cognitiva, que dificulta mais as possibilidades de pensar que os aspectos figurativos do pensamento. Por exemplo: a filha se encontra em um salão de baile, proibido por seus pais, e ali descobre o pai com sua amante, mas não pode dizer porque ficaria descoberta sua transgressão.

c) B não deu a A uma informação certa (importante para sua identidade (dela)), e em seu lugar lhe dá uma informação falsa.

Neste caso, o problema de aprendizagem costuma apresentar-se como uma muralha de defesa, ante a desorganização psicótica. Um exemplo dramático disso é a criança adotada, a quem não se dá a conhecer sua origem, obrigando-a a renegar seu saber inconsciente, aceitando uma falsa informação.[10] Outro exemplo: o pai morre em um acidente automobilístico enquanto a criança está de férias; quando chega, lhe é dito que o pai saiu em viagem.

Aqui, como no resto das situações de segredo, não se pode considerar o segredo como um trauma real, como o necessário causador de um processo patológico.

d) A vê e B lhe diz que não viu o que viu.

Em algumas circunstâncias, uma criança pode ter observado algo que estava proibido ou perto de uma situação de segredo; logo, a família pode lhe dizer que imaginou e que não viu aquilo que a criança viu.

Isto se relaciona com o desmentido, mecanismo estudado por Freud como específico da psicose. Desmentir significa dizer a alguém que mente ou dissimular este fato para que não se saiba. Desta maneira – diz Berenstein – constitui-se uma ruptura do eu: uma parte reconhece e aceita a realidade, enquanto que a outra parte a desmente. Ambos os níveis de organização per-

---

[10] Uma criança adotada não informada de sua adoção, de 7 anos, e que não aprende a escrever, pede à sua terapeuta, na 3ª sessão, que escreva à máquina um conto que ela vai ditar. Diz: "Ponha: minha família do campo. Abaixo, põe: Minha mãe chama-se... Como se diz quando não se sabe? Esses pontos... Ah! Isto! Reticências. Abaixo, põe: Meu pai chama-se, reticências, abaixo, meus avós chamam-se, reticências. Está pronto."

sistem, criando o ponto disposicional para os posteriores processos psicóticos, associados com a perda de significação da realidade e a reconstrução de uma segunda realidade para cobrir a perda de significação original.

Porém, existem também outros caminhos possíveis frente às situações de segredo familiar, da ordem do desmentido. Já que tenho que fazer que não sei o que os outros sabem e fazem ver que não sabem, estando esta atitude para todo conhecimento e não posso aprender. Transformo-me num oligotímico.

Exemplo: Aos 3 anos, Pedro espera um irmãozinho e este morre ao nascer; em seguida, a mãe volta a engravidar e lhe diz: "Tu que sabes rezar, pede a Deus para que nasça bem". O segundo irmão nasce e morre aos dois dias. A mãe relata na anamnese: "No velório do irmãozinho morto, Pedro queria dar a chupeta ao irmãozinho morto". "Do outro irmãozinho (a gravidez anterior), dissemos a ele que o médico enganou-se e eu não tinha um nenê na barriga." "Do segundo, lhe dizíamos que estava dormindo."

"Estou falando de matrizes criativas. Não de quadros psicopatológicos. Não falo de complexo de Édipo. Falo simplesmente de espaços lúdicos que incluem matrizes expressivas diferentes.

Nestes aspectos lúdicos, alguém pode ler o drama de personagens edípicos, mas não é o preponderante, não é o que determina o tipo de jogo.

... Em todo processo artístico existiram 'espaços prévios' onde o criador aprendeu e treinou 'a olhar' de outra maneira o concreto.

... A matriz criativa com que eu opero na atualidade provém dessa primeira matriz geradora. Tenho a matriz aí, em minha história gravada em minha pré-consciência."

Eduardo Pavlovsky

8

Modalidade de aprendizagem

Modalidade de aprendizagem

Em cada um de nós, podemos observar uma particular "modalidade de aprendizagem", quer dizer, uma maneira pessoal para aproximar-se do conhecimento e para conformar seu saber. Tal modalidade de aprendizagem constrói-se desde o nascimento, e por ela nos deparamos com a angústia inerente ao conhecer-desconhecer.

A modalidade de aprendizagem é como uma matriz, um molde, um esquema de operar que vamos utilizando nas diferentes situações de aprendizagem. Se analisarmos a modalidade de aprendizagem de uma pessoa, veremos semelhanças com sua modalidade sexual e até com sua modalidade de relação com o dinheiro, pois a sexualidade, como a aprendizagem e até a conquista do dinheiro, são maneiras diferentes que o desejo de possessão do objeto tem para apresentar-se.

Nós, no momento do diagnóstico, pretendemos fazer um corte que nos permita observar a dinâmica da modalidade de aprendizagem, sabendo que tal modalidade tem uma história que vai sendo construída desde o sujeito e desde o grupo familiar, de acordo com a real experiência de aprendizagem e como foi interpretada por ele e seus pais. No diagnóstico, tratamos de observar, desnudar e começar a esclarecer os significados da modalidade de aprendizagem.

Para descrever a modalidade, observamos: a) A imagem de si mesmo como *aprendente;* como agem fantasmaticamente as figuras *ensinantes* pai e mãe. b) O vínculo com o objeto de conhecimento. c) A história das aprendizagens, principalmente algumas cenas paradigmáticas que fazem a novela pessoal de *aprendente* que cada um constrói. d) A maneira de jogar. e) A modalidade de aprendizagem familiar.

Ainda que a modalidade de aprendizagem em um paciente com problemas para aprender costume ser sintomática, e por isso lhe dificulta aprender, por outro lado também algo lhe permitiu e lhe permite aprender. Portanto, no DIFAJ vamos tratar de investigar como fez para aprender o que aprendeu.

Além disso, como observamos que a modalidade de aprendizagem do sujeito na infância está entrelaçada com uma "modalidade de aprendizagem familiar", trataremos de observar as características deste modo familiar de aproximar-se do não conhecido. Ocultam, escondem, se escondem, valorizam o segredo, comunicam-se com o conhecido, etc.?

Diferenciamos "modalidade de aprendizagem" de "modalidade da inteligência". A aprendizagem é um processo em que intervêm a inteligência, o corpo, o desejo, o organismo, articulados em um determinado equilíbrio; mas a estrutura intelectual tende também a um equilíbrio para estruturar a realidade e sistematizá-la utilizando dois movimentos que Piaget definiu como invariantes: assimilação e acomodação.

Assimilação – acomodação: adaptação biológica

"Toda consciência tem uma história, que a vincula com o esquematismo da ação, e por aí com o organismo."[1]

O organismo se sustenta e cresce por meio de transações com seu ambiente. Trata-se de um processo de adaptação, que acontece cada vez que um intercâmbio particular entre o organismo e o meio modifica o primeiro. A incorporação de substâncias nutritivas, a alimentação, é um exemplo deste intercâmbio adaptativo. Analisaremos este processo de adaptação e veremos que há dois componentes que podem distinguir-se de um modo conceitual: assimilação e acomodação.

Assimilação: O organismo para poder incorporar a seu sistema os valores alimentares das substâncias que absorve, deve transformá-las. Por exemplo, um alimento duro e com uma forma clara, no momento de começar a ser ingerido, será transformado em macio e amorfo. Ao ocorrer o processo de digestão, a substância perderá sua identidade original até converter-se em parte da estrutura do organismo.

---

[1] Piaget, *Biologia y conocimiento,* Siglo XXI, Madrid, 1969.

Em resumo, a assimilação é o movimento do processo de adaptação pelo qual os elementos do ambiente alteram-se para ser incorporados à estrutura do organismo.

Acomodação: O organismo, ao mesmo tempo que transforma as substâncias alimentícias, para poder incorporá-las, transforma-se também ele mesmo. Assim a boca (ou o órgão correspondente conforme a espécie) deverá abrir-se, o objeto deverá ser mastigado e os processos digestivos devem adaptar-se às propriedades químicas e físicas particulares do objeto. Em síntese, a acomodação é o movimento do processo de adaptação pelo qual o organismo altera-se, de acordo com as características do objeto a ser ingerido. Piaget observa que, ainda que os detalhes dos movimentos assimilativos ou acomodativos vão variando, há uma invariabilidade em sua apresentação, em qualquer processo de adaptação de todo ser vivo. Estas constantes proporcionam o vínculo fundamental entre a biologia e a inteligência.

De minha parte, eu acredito que também proporcionam a arquitetura para a atribuição simbólica de significações pessoais aos processos de aprendizagem individuais.

Adaptação inteligente: assimilação – acomodação

O operar intelectual em seu aspecto dinâmico, também é caracterizado pelos momentos de assimilação e acomodação. Assim, um processo inteligente, no qual a assimilação e a acomodação se achem em equilíbrio, sem que uma delas predomine excessivamente sobre a outra, constitui uma adaptação inteligente (Piaget).

Todo ato de inteligência, por mais simples e rudimentar que seja, supõe uma interpretação da realidade externa, quer dizer, uma assimilação do objeto por conhecer algum tipo de sistema de significados existentes no sujeito. Igualmente, todo ato de inteligência, por mais elementar que seja, supõe um enfrentamento com as características do objeto, quer dizer, uma acomodação às demandas ou requerimentos que o mundo dos objetos impõe ao sujeito.

Sara Paín observa a constituição de diferentes modalidades nos processos representativos cujos extremos podem ser descritos como: hipoassimilação/hiperacomodação, hipoacomodação/hiperassimilação.

Levando em conta o anterior, a análise da modalidade da inteligência, em seu operar, permite-nos chegar a certas conclusões sobre a modalidade de aprendizagem e estabelecer correlações com determinadas patologias. Desta maneira, pode ser útil para realizar diagnósticos diferenciais (sintoma-inibição-problema de aprendizagem reativo-oligofrenia-oligotimia). Poderíamos falar, talvez, de uma modalidade de operar a inteligência de acordo com o tipo de equilíbrio alcançado entre a assimilação e a acomodação. Assim, então, como se podem encontrar atividades predominantemente assimilativas como o jogo, e outras predominantemente acomodativas como a cópia de um desenho ou o cumprimento de uma *consigna,* também podemos encontrar pessoas que agem cognitivamente de um modo hiperassimilativo e outras hiperacomodativamente. Mas como a inteligência é somente uma das estruturas que intervêm no processo de aprendizagem, e de outra forma não se pode separar do desejo e da corporeidade, na análise de um sujeito em particular preferimos falar de modalidade de aprendizagem e não de modalidade de inteligência.

Podemos descrever a hipoassimilação como uma pobreza de contato com o objeto que redunda em esquemas de objeto empobrecidos, déficit lúdico e criativo.

A hiperacomodação: pobreza de contato com a subjetividade, superestimulação da imitação, falta de iniciativa, obediência acrítica às normas, submissão. Lamentavelmente, a modalidade de aprendizagem hipoassimilativa/hiperacomodativa é a vedete de nosso sistema educativo. Muitos "bons alunos" encontram-se nesta situação.

A hipoacomodação: pobreza de contato com o objeto, dificuldade na internalização de imagens, a criança sofreu a falta de estimulação ou o abandono.

A hiperassimilação: predomínio da subjetivização, desrealização do pensamento, dificuldade para resignar-se.

Aprendizagem: assimilação – acomodação

Uma aprendizagem normal supõe uma modalidade de aprendizagem na qual se produza um equilíbrio entre os movimentos assimilativos e os acomodativos. Assim, por exemplo, se é apresentada a uma criança de 8 anos, com estas características, a lâmina I do CAT (três pintinhos em frente a uma mesa; de um lado, tenuemente representada, uma figura de galinha) poderá, ante o pedido para que conte uma história a partir do desenho, dizer: "Os pintinhos estavam tomando sopa. A mamãe galinha cuida deles. Antes estavam correndo pelo parque. E, como estavam cansados e com fome, foram para a mesa. Depois vai vir um amigo do maior e vão visitar outros galinheiros". Ou então: "Os três pintinhos estavam muito tristes porque a mãe não queria dar-lhes de comer. Antes estavam olhando TV, e os pais haviam saído para passear".

Uma criança da mesma idade que tenha estruturado uma modalidade de aprendizagem hiperacomodativa/hipoassimilativa, poderá dizer: "Três pintinhos. Estão comendo. Há uma tigela. Uma colher. Uma galinha grande. Estão aí comendo. Na tigela há comida".

O seguinte é o relato de uma criança com uma modalidade hiperassimilativa/hipoacomodativa: "Os pintinhos estavam comendo, veio um gato grandinho e quis espantá-los, os pintinhos ficaram bem juntinhos. Um deles sabia voar, então se foram voando, chegaram ao país das mariposas, juntaram-se todas as mariposas e foram com os pintinhos até o mar".

Os problemas de aprendizagem, ancorados sobre uma estrutura psicótica em geral, mostram-se nesta modalidade. Nos problemas de aprendizagem da ordem do sintoma, encontramos também majoritariamente esta modalidade, apesar de que hajam sintomas que se estruturam sobre uma modalidade hiperacomodativa/hipoassimilativa.

Uma criança, também de 7 anos, que apresente uma modalidade hipoassimilativa/hipoacomodativa pode ter a seguinte resposta ante a mesma lâmina do CAT: "Pintinhos" (silêncio), "tem os pintinhos" (silêncio), "não sei mais".

Em geral, as inibições cognitivas apresentam uma modalidade hipoassimilativa/hipoacomodativa.

Os problemas de aprendizagem reativos ao sistema educativo não supõem uma alteração na modalidade de aprendizagem que implique um desequilíbrio. O isomorfismo, entre as invariantes funcionais (assim chamadas por Piaget) assimilação-acomodação, tanto a nível orgânico como cognocitivo, não se dá quanto aos conteúdos, nem aos órgãos que intervêm nos processos (não existe nada em comum entre uma porção de sobremesa para comer e uma teoria científica para conhecer), senão quanto aos processos, às funções (existe uma equivalência funcional entre os movimentos que o organismo deve fazer para comer a sobremesa e os que deve fazer a inteligência para compreender uma teoria).

A atribuição simbólica pessoal de significado ao processo de aprendizagem vai recorrer, como o faz o sonho, aos restos diurnos, a um reservatório de cenas em movimento que têm a ver com a alimentação: movimento de incorporação, arrebatar, mastigar a presa como uma fera, tomar como um bebê a mamadeira, mastigar o alimento com prazer... Guardar o que se necessita do alimento e eliminar o que não serve, depois do processo de digestão. Engolir vorazmente e vomitar. Engolir dolorosamente e vomitar.

As significações do aprender

A partir de minha experiência como coordenadora de grupos de tratamento psicopedagógico didático durante estes últimos cinco anos, e da participação em numerosas experiências vivenciais psicodramáticas sobre o aprender, deparei-me com certas cenas que aparecem com insistência associadas à cena de aprender.

Cenas relativas à alimentação, à incorporação em geral, ao pedir, ao receber, ao olhar, ao buscar, ao recordar, ao apropriar-se, estas cenas poderiam resumir-se em duas vertentes: a) diferentes atitudes ante o que é do outro e o próprio; b) diferentes atitudes ante o oculto.

Logo pude observar como tais cenas se referiam à atribuição de significados para o aprender, universais à nossa cultura, e como estas atribuições se modificavam e alteravam nos pacientes com problemas de aprendizagem-sintoma.

Ante o perigo que implica aceder ao conhecimento e a angústia que o acompanha, há diferentes saídas possíveis. Aprender, ir construindo o saber, apropriar-se do conhecimento é uma delas. Outro caminho possível é fazer um sintoma, um problema de aprendizagem ou uma inibição cognitiva.

Algo da ordem do segredo está presente em toda busca de conhecimento, pois o objeto a conhecer está oculto, e esta dificuldade implica um desafio, um estímulo ao desejo de conhecer. A mesma situação que motiva o movimento em direção ao conhecimento pode tingir de perigo e principalmente de culpa, o acesso ao mesmo; por fim, a modalidade de aprendizagem é também a forma característica de cada um para revelar o oculto. Há modalidades fóbicas, maníacas, obsessivas, de aproximar-se do não conhecido, mas qualquer destas circunstâncias não implica um sintoma-problema de aprendizagem. As modalidades de aprendizagem estão necessariamente ligadas à estrutura da personalidade.

Quando buscarmos uma alteração ou tratarmos de diagnosticar uma alteração na modalidade de aprendizagem, deveremos focalizar o ponto especial de articulação entre a elaboração subjetivante e objetivante. Analisaremos então, por exemplo, a modalidade da inteligência, mas daremos importância à significação que outorgue o sujeito a esse operar.

Um sintoma-problema de aprendizagem vem instalar-se sobre uma modalidade já existente, que o sujeito construiu desde o nascimento, em que intervêm significações ainda anteriores a ele mesmo. O sintoma emerge da modalidade prévia, mas vai modificando-a, principalmente estereotipando-a e enrijecendo-a.

A Inteligência Aprisionada **113**

Quanto à aquisição do conhecimento

	Modalidade de aprendizagem normal		Modalidade de aprendizagem sintomática	
	Aprendente	Ensinante	Aprendente	Ensinante
Atitudes ante o oculto	Pode olhar Liberdade para olhar ou não Possibilidade de transmitir-se com o conhecimento Investigação Curiosidade	Mostra Liberdade para mostrar ou guardar Possibilidade de criar Vínculo de aprendizagem sadio	Necessita espiar Somente pode espiar segredo Culpa por conhecer Submissão Vínculo de aprendizagem patogênico	Oculta Esconde Culpa por conhecer Dominação
Atitudes ante a possessão	Pode incorporar Pode pedir Possibilidade de apropriar-se do conhecimento	Entrega, dá Pode guardar Possibilidade de recriar o conhecimento Vínculo sadio de aprendizagem	Necessita tirar Somente pode roubar Culpa por possuir Não pode se apropriar Vínculo patolizante de aprendizagem	Entrega, dá Pode guardar Culpa por possuir Não pode se mostrar

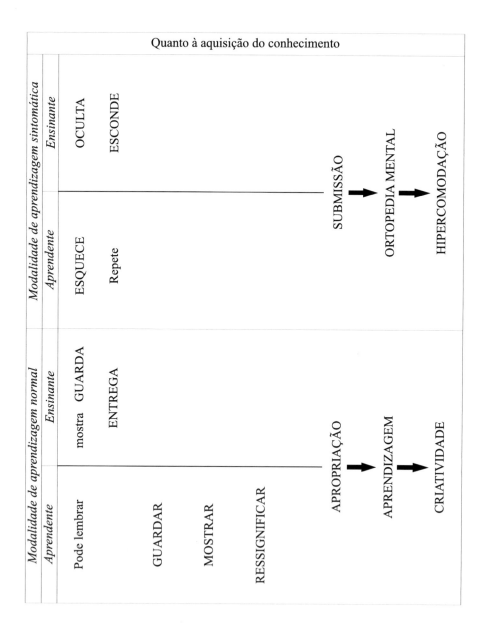

Podemos diferenciar modalidades de aprendizagem normais de modalidades de aprendizagem sintomáticas.

Construção de uma modalidade de aprendizagem sintomática

A existência de algo oculto é inerente à busca do conhecimento. Não poderia ser, portanto, esta situação, nem ainda o fato de que o conhecimento esteja escondido desde o real (por exemplo, porque assim o possuidor o determine), causa da construção de uma modalidade sintomática. Assim, por exemplo, no século passado, no qual a informação sexual estava vedada e inclusive podia ser um segredo para a infância e a adolescência, nem todos os meninos tinham problemas de aprendizagem, apesar desta falta de informação, ou ainda da informação falsa.

A existência do segredo em si não é o causante da modalidade sintomática de aprendizagem. O sintoma em geral gera-se em uma situação que não permite reconhecer a existência do segredo. Famílias que não permitem revelar o segredo, mas que reconhecem sua existência, geram outro tipo de sintomas, mas não necessariamente na aprendizagem. Há uma diferença entre o "não posso dizer-te ou o não quero dizer-te" do pai, ante uma pergunta do filho, e o silêncio de um pai que não se perturba pela pergunta do filho porque já se ocupou bastante para calar as perguntas da criança.

Continuando com o exemplo da sexualidade no século passado, as crianças não tinham a informação, mas podiam, entretanto, elaborar teorias sexuais que lhes permitiam simbolizar sobre esse segredo. Não tinham uma informação sobre como nasciam as crianças, porém isto não impedia que elas a inventassem. As teorias sexuais infantis eram construídas da mesma maneira que o fazem as crianças de hoje, tendo a informação correta. Existe a possibilidade de simbolizar o que se oculta (porque o outro não o quer mostrar), mas não o que está oculto porque o *aprendente* não pode ou não o quer revelar. Seja porque a criança não pode dar conta do oculto, ou porque "convenceu-se" de que não há nada oculto.

Simbolizar possibilita, por exemplo, elaborar uma teoria, equivocada ou não, sobre a situação mantida em segredo. Enquanto o paciente com problemas de aprendizagem, ante o segredo, coloca-se num lugar de onde não pode aproximar-se ou não pode reconhecer que existe um segredo, ou crê que ele não tem direito de saber sobre o oculto, e além do mais, estende este não poder saber a outros temas.

O sintoma-problema de aprendizagem implica o fracasso da simbolização ante a anulação do desconhecimento.

O sentimento de perigo concomitante a toda busca do conhecimento e a angústia que transpassa a necessidade de conhecer são comuns a todo ser humano e dizem respeito à cisão constituinte do mesmo, criando um ser castrado, um ser que joga constantemente com o desejo de não depender absolutamente de ninguém ou depender absolutamente de outro. Sendo a criança humana um dos filhotes que maior dependência tem dos pais, faz esta situação mais dramática. "Necessito depender de outro", mas também "desejo não depender nunca deste outro, do qual necessito depender". Este jogo tem a ver com a aprendizagem. A aprendizagem implica o mandato do outro de reproduzir certo modelo e é construída em um vínculo.

Apropriação

A aprendizagem é um processo que se significa familiarmente, ainda que se apropie individualmente, intervindo o organismo, o corpo, a inteligência e o desejo do *aprendente* e também do *ensinante,* mas o desejo é necessariamente o desejo do outro.

A inteligência processa, pela elaboração objetivante, os movimentos de aproximação e apropriação do objeto, classificando-o, seriando-o, incluindo-o em alguma estrutura hierárquica e de classe, enquanto que o desejo tende a apropriar-se do objeto, incluindo-o em alguma metáfora própria (elaboração subjetivante).

No aprender, interatuam a elaboração objetivante e a subjetivante.

O sintoma instala-se sobre uma modalidade, e essa modalidade tem uma construção pessoal a partir dos quatro níveis (organismo, corpo, inteligência e desejo) da história pessoal e da significação dada à mesma. A modalidade opera como uma matriz que está em permanente reconstrução e sobre a qual vão se incluindo as novas aprendizagens que a vão transformando, mas, de qualquer maneira, a matriz permanece como estrutural.

O sintoma cristaliza a modalidade de aprendizagem em um determinado momento, e a partir daí esta perde a possibilidade de ir transformando-se e de ser utilizada para transformar.

O sintoma implica colocar em outro lado, jogar fora, atuar o que não se pode simbolizar, enquanto que a simbolização permite ressignificar[2], e

---

[2] A palavra ressignificar tem três sentidos diferentes: a) dar um significado diferente; b) reafirmar, voltar a afirmar, firmar, pôr a firma; e c) resignar-se, aceitar a realidade.

a ressignificação possibilita que a modalidade possa ir se modificando. Ao não poder estabelecer este processo de ressignificação interno à própria modalidade de aprendizagem, esta modalidade fica enrijecida, impedindo ou dificultando a aprendizagem de determinados aspectos da realidade. A intervenção psicopedagógica não se dirige ao sintoma, mas a poder mobilizar a modalidade de aprendizagem. A partir de tal mobilização, vamos relativizando os fatores que constroem o sintoma.

Aprender é apropriar-se, apropriação que se dá a partir de uma elaboração objetivante e subjetivante. A elaboração objetivante permite apropriar-se do objeto ordenando-o e classificando-o, quer dizer, por exemplo, reconhecer uma cadeira pondo-a na classe "cadeira", quer dizer, tratando de usar o que a iguala a todas as cadeiras do mundo. Por outro lado, a elaboração subjetivante tratará de reconhecer, de apropriar-se dessa cadeira, a partir daquela única e intransmissível experiência que haja tido o sujeito com as cadeiras.

Aprendemos o que é uma cadeira, por exemplo, não só a partir do conceito de cadeira, ainda que necessitemos dele, mas também a partir da história de trocas com cadeiras que cada um de nós teve, das imagens, das lembranças e das fantasias sobre esse objeto.

"*A interpretação fora da maturidade do material é doutrinação. Um resultado é o de que a resistência surge da interpretação oferecida fora da zona de superposição entre a criança e o analista que jogam juntos. Quando o analista carece de capacidade para jogar, a interpretação é inútil ou provoca confusão. Quando há jogo mútuo, a interpretação realizada conforme princípios psicanalíticos pode levar adiante o trabalho terapêutico.*"

D. W. Winnicott

"*Falar de diferentes lugares ao mesmo tempo... Me pergunto, em última instância, se a confusão de níveis ao relatar a experiência não é minha única maneira de relatar literalmente o vivido...*"

"*... a inclusão de um olhar diferente do concreto...*"

Eduardo Pavlovsky

Segunda parte

DIFAJ
(Diagnóstico Interdisciplinar Familiar de Aprendizagem em uma Jornada)

CONSULTÓRIO 1	CONSULTÓRIO 2	CONSULTÓRIO 3	TEMPO ESTIMADO
	Motivo de Consulta Família		20 minutos
Motivo de Consulta Pais — Equipe 2	Motivo de Consulta Fraterno — Equipe 1	Estudo de Antecedentes — Equipe 3	60 minutos
Entrevista com a família, sem o "paciente" — Equipe 2	Motivo consulta- "paciente" e hora de jogo psicopedagógica — Equipe 1		
Primeiro momento de reflexão — Equipes 1, 2 e 3 e profissionais intervenientes	Família completa, só, com *consigna* de trabalho		20 minutos

A Inteligência Aprisionada **123**

Investigação Articulação Níveis (intelectual, corporal, orgânico, simbólico). Paciente só	Equipe 1	Reconstrução da história da criança pelos pais	Equipe 2	"Pessoa aprendendo" "Linha de Vida" e/ou jogo dramático com irmãos	Equipe 3	} 60 minutos
Segundo momento de reflexão	Equipes 1, 2 e 3 e profissionais intervenientes	Família completa, só, com *consigna* de trabalho		} 20 minutos
Devolução aos pais		Devolução ao "paciente"	Equipe 1	Devolução aos irmãos, sem o "paciente"	Equipe 3	} 60 minutos
		Alternativa: Devolução a irmãos e "paciente"	Equipes 1 e 3		
		Reflexão com a família completa	Equipes 1, 2 e 3		

9

Olhar e escuta psicopedagógica

Sobre o olhar e a escuta psicopedagógica

Antes de precisar o tipo de olhar, quero situar o lugar de onde olhar; somente do espaço transicional, de jogo, confiança e criatividade, poderá gestar-se o olhar psicopedagógico clínico.

Assim como diz Pavlovsky (fazendo referência à transformação de uma ficha em um jogador de futebol, em um jogo que ele jogou): "Sei que a ficha simboliza um jogador – mas necessito negar – (para poder jogar), e então a ficha converte-se em jogador e vejo na ficha uma pessoa – não vejo mais ficha – esqueço-me da noção de ficha", creio que este jogo é o que o terapeuta deve realizar, com a produção do paciente, para poder intervir. Mas, claro, não se poderia jogar se não fosse completada "a visão com a emoção ou o sentimento correspondente".

Pretendo apresentar algumas ideias que permitam traçar o perfil de uma atitude clínica psicopedagógica. Lendo as transcrições de fitas gravadas dos primeiros DIFAJ, observamos com surpresa que, ainda que os profissionais responsáveis contassem com elementos teóricos e técnicos sobre como intervir, não obstante custava-lhes situar-se em uma atitude clínica ante a produção do paciente. Nos "motivos de consulta", por exemplo, às vezes o psicopedagogo tentava seguir a sequência dos fatos reais transmitidos, atitude que anula a possibilidade de interpretar, entender e aceder ao discurso inconsciente. Tal escuta, em muitos casos, modificava o relato do paciente, obstruindo a possibilidade de chegar ao significado. Víamos que também algumas intervenções dos coordenadores implicavam uma sequência interna do relato dos pacientes a partir de um julgamento de acordo com seu juízo de valor, quer dizer, uma escuta valorativa que promovia nos pais a necessidade de justificar-se. Por exemplo, nas "cenas de lembranças", a forma de dar a *consigna* (o que supõe também uma atitude de parte dos terapeutas) acentuava os temores persecutórios dos pais, de tal maneira que a maioria deles respondia: "Nós nunca o deixamos sozinho. Estamos sempre atendendo-o". Ou negavam-se a encontrar uma cena real em que a criança estivesse fora do cuidado deles. Ao modificar a maneira de colocar a *consigna,* mudou de modo notável o material aportado nos DIFAJ. A atitude do psicopedagogo que instrumentava a *consigna* reforçava, e talvez implicava, um julgamento (preconceito) que relaciona o problema de aprendizagem com o ser abandonado e não atendido pelos pais.

Nas anamneses, observava-se uma necessidade e urgência de obter dados que atuavam como obstrução para a possibilidade de situar numa atitude analítica ante o discurso. Esta urgência para obter dados somente pode ser entendida ante o desejo de encobrir a angústia que provoca a espera necessária.

Os dados, somente, nunca remetem ao saber. Pelo contrário, costumam ocultá-lo. Este filtra-se pelos resquícios do discurso lógico e pelos lapsos. De outra forma, chegaremos ao saber, nós e o paciente, mais pelo desdobramento de uma cena do que pela cronologia dos dados.

Sobre os dados evolutivos, é mais importante perguntar "como" do que "quando".

Para poder esclarecer como se entrelaçaram as significações que conformam a modalidade de aprendizagem, para precisar as ancoragens enológicas de possíveis patologias, quer dizer, para a compreensão psicopedagógica, o perguntar quando aprendeu a caminhar, por exemplo, geralmente é desnecessário, enquanto que o relato dos pais sobre como se deu esta aprendizagem costuma ter um valor paradigmático.

Como ler a produção do paciente ou como conseguir uma escuta-olhar psicopedagógicos

Quando digo produção do paciente, estou me referindo seja ao material diagnóstico (hora de brinquedo, testes, discurso dos pais, desenvolvimento de ações lúdicas, gráficas, discurso verbal), seja ao acontecer do conjunto do tratamento, a como decifrar a mensagem do jogo, de uma atitude, de um silêncio, de um gesto. Resumindo: a como e desde onde realizar um diagnóstico psicopedagógico e interpretar a mensagem do sintoma na aprendizagem.

Para compreender o manifestado pelos pais, seja no momento da consulta ou em entrevistas familiares, tenciono também que estas ideias abram um caminho ao encontro do que traz o paciente às sessões ou aos momentos individuais e que nos permitam ler articuladamente o acontecer grupal e individual de um paciente.

Sinteticamente, a resposta ao interrogador sobre como ler psicopedagogicamente a produção de um paciente, de uma família ou de um grupo, pode resumir-se assim: posicionando-se em um lugar analítico e assumindo uma atitude clínica, à qual será necessário incorporar conhecimentos, teoria e saber, acerca do aprender.

Lugar analítico

O terapeuta, como assinala Fages, é uma testemunha que legaliza a palavra do paciente. Quer dizer, alguém que com sua escuta outorga valor e sentido à palavra de quem fala, permitindo-lhe organizar-se (começar a entender-se), precisamente a partir de ser ouvido.

Ser somente testemunha, não impor as próprias significações ao discurso do paciente, não significa estar em campo neutro e somente gravar o que acontece na sessão, assim como tampouco a posição não avaliativa implica desafetividade. Tem mais a ver, do meu ponto de vista, com o *holding* proposto por Winicott, com o espaço de confiança. O terapeuta, posicionando-se em um lugar analítico, permite ao paciente organizar-se e dar sentido ao discurso a partir de um outro que escuta e não desqualifica, nem qualifica.

Às vezes, nós, que trabalhamos com crianças, tendemos a aceitar tudo o que a criança ou o adolescente traz, e a rechaçar criticamente os pais ou os professores, transferindo situações não resolvidas com nossos próprios pais ou professores.

É, para nós, fundamental encontrar o original, o particular, o apaixonante de cada história. Muitas vezes a "família-problema de aprendizagem", refletindo seu sintoma, apresenta dificuldade ou estereotipia na circulação do conhecimento, mostrando uma modalidade onde o que transmite torna-se aborrecido. Somente a partir das fraturas do discurso, por um lado, e de nos apaixonarmos, por outro lado, por encontrar o dramático, resgataremos o interessante, o original dessa história.

Terão observado com que atenção costuma escutar-se nas escolas ou congressos os casos de perversão ou psicose, enquanto que geralmente a apresentação de um problema de aprendizagem costuma ser cansativa. Pareceria, assim, que os problemas de aprendizagem são banais, não implicam drama, intriga, nem têm argumento. Acontece que, ao estar *atrapado* o aprender, está perturbada a capacidade de comunicar os afetos e as ideias. O problema de aprendizagem provoca uma má articulação inteligência-desejo, pelo que os recursos comunicacionais da gramática simbólica estão alterados, disfarçando de aborrecidos, banais ou inexistentes, conteúdos que não o são.

Atitude clínica[1]

Escutar e traduzir.

Se acreditássemos, como Freud de início, que o trauma real, o feito traumático realmente vivido é o causante do sintoma, tentaríamos reconstruir a história real do paciente e sua família. Mas, como a teoria do trauma real não só foi rapidamente abandonada pelo criador da psicanálise como também comprovada por nós sua ineficácia nos casos de problema de aprendizagem, o que tentamos promover é a emergência da "história mítica".

"O fator traumatizante, tal como é possível vislumbrar em uma neurose, não é nunca um acontecimento real por si só, senão o que dele tem dito ou calado aqueles que estão ao seu redor. São as palavras, ou sua ausência, associadas com a cena penosa, as que dão ao sujeito os elementos que impressionarão sua imaginação." (Mannoni)

A partir daqui, modifica-se a ideia sobre que história buscar e que discurso promover.

"Não se trata de ajudar o paciente para que confesse o importante, mas de que ele fale do que carece de importância."

Muitas vezes acontece suceder-nos o que Maud Mannoni comenta a propósito de Erikson e sua equipe: "Os autores nos oferecem um protocolo quase taquigráfico das sessões, mas por falta de um bastidor sobre o qual se pudesse organizar o material, os temas essenciais se perdem, a fidelidade do registro "no real" contrasta com o não registro no nível do "sentido". O discurso da criança é captado como um fato experimental, é objetivado para ser submetido logo ao juízo seguro do médico. Desta maneira, a produção

---

[1] "Atitude: é um complexo de ação e teoria... é um mover-se práxico no desenvolvimento do terapeuta, e as dificuldades do enunciar recortando-o, estão ligadas à sua própria constituição, produto e conjugação nesse desenvolvimento de teoria, prática e experiência, vivida socialmente..." (Armando Bauleo).

fantasmática transforma-se em produção literária e escapa a toda a análise da palavra."

Falamos do lugar analítico, lugar de testemunha e de atitude clínica, da atitude do que escuta e traduz promovendo um discurso mítico e não real. Lugar e atitude necessários a todo terapeuta, que o psicopedagogo deverá assumir. Porém, por sua vez, lhe é necessário incorporar aspectos que o ajudem a dar conta dos nós, entraves e maus ligamentos entre a inteligência e o desejo.

Incorporam-se então à atitude clínica:

a) conhecimentos sobre como se aprende e sobre o organismo, corpo, inteligência e desejo;
b) uma teoria psicopedagógica: matriz teórica interpretativa que não é a soma dos conhecimentos anteriores, mas uma teoria que os abrange, surgida da prática com o problema de aprendizagem;
c) saber sobre o aprender e não aprender.

Necessitamos incorporar conhecimentos sobre o organismo, o corpo, a inteligência e o desejo, os quatro níveis que consideramos basicamente implicados no aprender. Nas diferentes formações, tanto do psicólogo, do psicopedagogo ou do psicanalista, de acordo com as instituições formativas que conhecemos, transmitem-se conhecimentos sobre algum desses quatro níveis. Mas, situando-se o problema de aprendizagem na interseção de ditos níveis, as teorias sobre a inteligência, sobre o inconsciente ou sobre o organismo e o corpo, isoladamente não podem dar conta do mesmo.

Requerem-se, então, conhecimentos sobre teoria psicopedagógica. Teoria sobre a prática psicopedagógica, que ainda que não esteja formulada com precisão, mostra alguns progressos brilhantes como os de Sara Paín. Ela considera que, assim como o sintoma histórico foi a plataforma de lançamento para que Freud pudesse formular a teoria e a técnica da psicanálise, dando conta dos fenômenos inconscientes, o problema de aprendizagem é nossa plataforma de lançamento para construir uma teoria psicopedagógica.

Na aprendizagem normal, não existe este *atrape* da inteligência a partir do desejo; então é possível fazer o que propõe Piaget, deixar de lado a afetividade e trabalhar com a estrutura cognitiva. Podem-se fazer modelos teóricos e trabalhar com o sujeito epistêmico[2], que não é o paciente de carne e osso a quem pretendemos ajudar.

---

[2] "O sujeito epistêmico refere-se à coordenação geral de ações (reunir, ordenar, etc.) constitutiva da lógica, e o sujeito individual, às ações próprias e diferenciadas de cada indivíduo considerado à parte" (Piaget).

O problema de aprendizagem põe em evidência a necessária inter-relação dos níveis orgânico, corporal, intelectual e desejante, a partir de sua articulação sintomática. No processo de aprendizagem normal, tal inter-relação, ao dar-se equilibradamente, pode aparecer em suas manifestações como se os níveis funcionassem com total autonomia. Além disso, tais níveis podem ser isolados para o estudo do processo de aprendizagem normal.

Essa teoria é epistemologia ou psicologia da inteligência, mas não teoria psicopedagógica, ambas necessárias para a teoria psicopedagógica, porém não confundíveis com ela, cujo fim é dar conta da articulação inteligência-desejo.

Saber não é o mesmo que conhecer

Com a simples inclusão dos conhecimentos na teoria psicopedagógica, não conseguimos uma escuta psicopedagógica, mas é necessário – no meu entender – incorporar além disso, o saber psicopedagógico.

Eu faço uma distinção entre conhecimento e saber. O conhecimento é objetivável, transmissível de forma indireta ou impessoal; pode ser adquirido com a utilização de livros ou máquinas; é factível de ser sistematizado em teorias; enuncia-se através de conceitos. Por outro lado, o saber é transmissível só diretamente, de pessoa a pessoa, experiencialmente; não se pode aprender por um livro, nem por máquinas, não é sistematizável (não existem tratados de saber); pode ser enunciado somente por meio de metáforas, paradigmas, situações, casos clínicos. Por exemplo, o saber sobre a psicose só pode ser conseguido pelo contato com uma pessoa (daquelas chamadas psicóticas), e deixando que interaja com nossos próprios aspectos confusos. Não obstante, podem ser transmitidos conhecimentos sobre a psicose a partir de uma teoria sobre a mesma.

O saber dá poder de uso. Os conhecimentos não.

Uma grande falha de nossa educação tem a ver com a desqualificação do saber e o endeusamento do conhecimento. Pode-se entender por que convém a determinados sistemas que circulem os conhecimentos, mas não o poder de uso sobre eles.

A linguagem, no seu uso popular, costuma fazer esta diferença entre conhecimento e saber. Assim, se alguém diz: "Sei dirigir", supõe-se que se pudesse dispor de um carro, poderia sair dirigindo. Mas se diz: "Eu conheço como dirigir um carro", até o melhor amigo hesitará em emprestar-lhe seu carro. Porque pode conhecer, porque lhe contaram, ou porque leu um manual de instruções de direção e conhece os procedimentos, ou porque talvez tenha passado cinco anos estudando como dirigir, mas isto não quer dizer que suba no carro e possa dirigir. Ainda que, para ter "o saber" de dirigir o carro, sejam necessários conhecimentos, somente com eles não se pode dirigir. Os conhecimentos somente se operativizam no terreno construído pela inteligência, o desejo, o organismo e o corpo.

Continuemos com o exemplo de conduzir automóveis, mas agora observando-o de outro lugar. Sabemos que muitas mulheres não aprendem a dirigir, pois como mulheres sentem que não podem dirigir sua vida e aceitam ser conduzidas sempre por um homem. Então, apesar da vontade de aprender, do consciente, da integridade de seu organismo e de sua inteligência, e dos cursos para motoristas, aquele desejo inconsciente e o fantasma de que ser mulher implica submeter-se e não conduzir-se só na vida, se entrecruzam com o aprender a dirigir, e dão o volante ao companheiro. Acontecimentos da história poderiam também estar intervindo para que não possa aprender a se dirigir.

O saber psicopedagógico

Penso que o saber psicopedagógico se obtém a partir de duas vertentes: da experiência, "mergulhando na tarefa", e pelo tratamento psicopedagógico didático.

Posicionando-se como observador ou como juiz é muito difícil contatar com o saber.

Um espaço importante de gestação do saber psicopedagógico é o trabalho de autoanálise das próprias dificuldades e possibilidades no aprender, pois a formação do psicopedagogo, assim como requer a transmissão de conhecimentos e teorias, também requer um espaço para a construção de um olhar e uma escuta psicopedagógicos a partir de uma análise de seu próprio aprender.

O que um pretende fazer a outro, tem que praticar consigo mesmo, contatar com as próprias fraturas na aprendizagem, com a história de aprendizagem pessoal, com as personagens *ensinantes* e *aprendentes* de si mesmo, e ver como jogaram e seguem atuando.

Somente a possibilidade de apropriar-se (fazer próprios os conhecimentos) constrói o saber. Incorporar os conhecimentos, fazer o processo de digestão dos mesmos, supõe incorporar os próprios líquidos e substâncias digestivas, que não vão ser iguais às de nenhum outro, e transformá-las em parte do corpo. O saber permite apropriar-se dos conhecimentos e o aprender os supõe.

Guia para conseguir uma escuta psicopedagógica

1) Escutar - olhar.
2) Deter-se nas fraturas do discurso.
3) Observar e relacionar com o que aconteceu previamente à fratura.
4) Descobrir o "esquema de ação-subjacente".*
5) Buscar a repetição dos esquemas de ação.
6) Interpretar a operação, mais do que o conteúdo.

Procurei construir um guia para conseguir uma escuta psicopedagógica com todos os vícios, esquematismos e perigos de uso que possa ter.

1. Escutar - olhar

A intervenção do psicopedagogo, no primeiro momento da relação com o paciente, supõe escutar-olhar e nada mais. Escutar não é sinônimo de ficar em silêncio, como olhar não é de ter os olhos abertos. Escutar, receber, aceitar, abrir-se, permitir, impregnar-se.

Olhar, seguir, procurar, incluir-se, interessar-se, acompanhar.

O escutar e o olhar do terapeuta vão permitir ao paciente falar e ser reconhecido, e ao terapeuta compreender a mensagem.

2. Deter-se nas fraturas do discurso

Discurso (mensagem sobre mensagem). Refiro-me não só ao discurso verbal, como também ao corporal, ao agir unitário do sujeito.

Por intermédio dos lapsos, das dificuldades na expressão, da forma metafórica para referir-se a uma situação das frases incompletas, das incongruências, dos cortes, das reticências, das repetições, emerge o inconsciente. Como diz Sara Paín, não se pode tomar como equivalente que uma mãe diga, referindo-se a seu filho que "não lhe fica a lição", "não lhe entra", ou que o expresse como "não sai nada": as três expressões, referindo-se aparentemente à mesma coisa, estão nos mostrando diferentes aspectos do problema.

Expressa muito mais a metáfora em relação ao saber que o conceito. Expressa mais a cena, a imagem, que o relato conceitual.

---

* *Nota do Revisor:* A autora atualmente reformulou este conceito e fala de "esquema de ação-significação".

3. Deter-se na fratura e observar relacionando com o acontecido anteriormente.

Na admissão ao centro de aprendizagem, uma mulher disse: "Meu marido tinha sido médico". Se o marido tivesse morrido, poder-se-ia usar essa expressão, ainda que não seja o habitual, mas com o marido vivo, ficava estranho. Registramos essa fratura, essa forma diferente de expressar-se. Observamos então a que se estava referindo previamente com esta menção de que o marido tinha sido médico. Queixava-se da filha, pela qual recorria à consulta: "É muito agressiva e briga com os companheiros, não a aceitam, os companheiros não a querem". *A posteriori* nos inteiramos de que o marido havia sido um médico que participou da repressão na época da ditadura e vivia, no momento da admissão, fora do país.

4. Descobrir os esquemas de ação subjacentes

Uso a expressão "esquema de ação" de Piaget, mas estendendo e jogando com seu significado. Para encontrar o esquema de ação, seja no discurso lúdico, verbal ou corporal, ou em uma ação, não é necessário deter-se no conteúdo do mesmo, mas no processo e nos mecanismos. Por exemplo, uma criança corta com uma tesoura uma casa de uma gravura, depois corta um cachorrinho de plastilina que estava no consultório e imediatamente interrompe suas próprias frases, cortando-as antes de terminá-las. Então, não nos deteremos nem na casa, nem no significado do cachorro cortado, mas no cortar.

Marisa (7 anos) omite o "r". Escreve "boto" em vez de "broto", diz a mãe; a professora reafirma: "Não aprende os grupos consonantais. Escreve "bo" por "bro"; "ta" por "tra", etc". Para efeito de analisar o significado para o aprender, o principal é a omissão em si mesma, independentemente do omitido. Podemos suspeitar por que a mãe escolhe esse exemplo. A menina não pode crescer-brotar, podemos observar a articulação fonatória, a lateralidade, etc. Mas se a análise se detém ali, perderemos de vista a ação de omitir, sobre a qual se trasladaram significações de outras omissões que se calam no grupo familiar.

O nome da menina é Marisa Etelvina, mas a chamam "Etel, porque é mais curto". Durante todo o motivo de consulta os pais deixaram de chamar Marisa Etelvina por seu nome.

Juan, 7 anos, escreve "bar" em lugar de "bra", "tar" em lugar de "tra". Embora esteja envolvido o erre, como na omissão de Marisa, aqui se trata de uma alteração. Por isso nos perguntamos em que outro aspecto da vida familiar apresenta-se a alteração. No caso de Marisa, trataremos de observar o valor e o lugar da omissão dentro do grupo familiar, que omissões está ocultando a menina com a omissão do "r". Que aspectos da realidade se omitem à Marisa Etelvina, que informações são mantidas em segredo, em que medida ela está omitida dentro do grupo familiar.

Os esquemas de ação seriam, nestes casos, omitir ou alterar. Interessam-nos mais os esquemas de ação do que o conteúdo das ações. Aos efeitos da análise, o terapeuta poderá deter-se nos inumeráveis esquemas de ação atuantes, mas somente empregará alguns, aqueles que persistem.

Imagino a produção do paciente como uma esfera, e o psicopedagogo tentando chegar ao centro com uma agulha; por qualquer um dos infinitos pontos da superfície da esfera em que se introduza a agulha, pode-se chegar ao centro, mas, para isto, uma vez que se começou a penetrar, dever-se-á insistir e continuar entrando.

Se vários terapeutas observam uma mesma produção, talvez cada um deles se detenha em um esquema de ação diferente. Não seriam análises equivocadas por serem diferentes, mas indicariam diferentes pontos de entrada.

5. Buscar a repetição do esquema de ação

A insistência do esquema de ação em sua aparição vai nos permitir verificar se aquele, como esquema de ação escolhido, é um ponto de entrada importante. Procuraremos, então, em que outras situações e com que outros conteúdos repete-se o esquema de ação. Vamos buscar a repetição na produção do paciente, mas, além disso, na relação entre a produção do paciente e a de sua família.

6. Interpretar a operação que forma o sintoma

Fages assinala que os indícios constituem a rede dos significantes inconscientes, a trama de ideias inconscientes de um sujeito. Eu creio que "os esquemas de ação" formam ou constituem essa rede e essa trama de ideias inconscientes de um sujeito, e é a isto que temos de apelar, tanto no diagnóstico como no tratamento. Nós, como psicopedagogos, buscaremos as ideias inconscientes sobre o aprender, relacionando-as com a operação particular que constitui o sintoma.[3]

---
[3] Ver Capítulo 2, "Significação da operação que dá forma ao sintoma".

Aplicação do guia de observação psicopedagógica do jogo de *fort-da*

Vamos aplicar o método de análise sugerido à entrevista motivo de consulta fraterno de Amália,[4] paciente oligotímica de 13 anos. Sua irmã é um ano mais velha e cursa o segundo ano da escola secundária; seu irmão tem 10 anos e está no grau correspondente da escola primária.

Depois de alguns momentos iniciais de silêncio, Clarissa, a irmã mais velha, disse: "Amália está na primeira série de recuperação porque ela tem um probleminha, tem imaturidade". A terapeuta pergunta: "Os demais, o que pensam"? Hugo diz: "Ela (referindo-se à Clarissa) sabe mais, é maior. Ela esteve mais tempo com ela (referindo-se à Amália). Eu nasci depois".

Clarissa diz em continuação: "Quando ele nasceu (observemos o uso do pronome e o evitar de nomear) começou o probleminha, começou (referindo-se à Amália) com convulsões. Nós a levamos de médico em médico".

A terapeuta intervém: "Que pensas, Amália"? Clarissa então responde por Amália, dizendo: "A única coisa em que ela pensa é em brincar e comer, não se pode ter nada escondido. Encontra tudo e come. Antes, quando era menor e íamos a Mar del Plata, vomitava em todo o caminho. Perto de seu aniversário, sempre fica nervosa, e uma noite antes, na hora de dormir, fica ansiosa e não deixa ninguém dormir".

Tomando o discurso grupal como uma estrutura, encontramos aqui uma fratura: pergunta-se à Amália e Clarissa responde. Se nos reportamos ao momento anterior à fratura, observamos que:

– Clarissa define o sintoma de Amália relacionando-o com Hugo.
– A terapeuta considera Amália como ser pensante.

Nossos conhecimentos de teoria psicopedagógica nos ensinam que o aprender de um sujeito com problemas de aprendizagem transforma-se em um acionar perigoso, porque implica encontrar transgressivamente algo escondido. Ao perguntar sobre o pensar de Amália, Clarissa diz que não se pode ter nada escondido, pois Amália procura tudo, encontra e come; logo, fala do aniversário. Esta resposta tem a ver com a trama de ideias inconscientes sobre aprender, que circulam na família. Aqui nos deteremos; pergunta-se sobre "pensar" e se responde sobre o "escondido" e do que "se come", do que "se procura" e "se encontra" e sobre que "Amália é inoportuna, pois não deixa ninguém dormir quando faz aniversário", quer dizer, quando está crescendo. Cada aniversário é o momento em que se nota que cresce um ano mais; então a família não pode dormir. A família não suporta o crescimento

---

[4] Ver Apêndice: "Amália, a pomba que não deixaram voar".

de Amália. Nós, enquanto escutamos, vamos traduzindo, conectando significantes e detendo-nos nas fraturas.

Ainda a palavra de Amália não apareceu. Ela foi dita pelos irmãos, ainda que se perguntasse a ela. A jovem é falada pelos outros. Escutando Clarissa, vemos que sentem perigo que Amália seja pensante; ainda que não saibamos claramente por que, inferimos que tem a ver com o esconder, com o comer, com o vomitar e com o crescer. Tudo isto no perigo de ser considerada pensante.

Voltemos à entrevista.

Enquanto Clarissa falava, Hugo tentava dizer algo. A terapeuta pergunta: "Hugo, queres dizer alguma coisa"?

Clarissa intervém: "Era isso, do aniversário, mas eu já o disse. Não pode estar nunca em casa, chega e quer sair em seguida, quer sair com as amigas".

Clarissa responde quando perguntam a Hugo. E então aparece Amália dizendo: "Eu quero ir brincar com Luciana, brincar com bonecas desarticuladas". (Refere-se às bonecas articuladas).

Está falando da desarticulação e do jogo. Se homologássemos apressadamente que é ela que se sente desarticulada, ainda que não fosse incorreto, iria custar-nos descobrir o esquema de ação. Acreditamos inferir um "esquema de desarticulação" que nos permite perguntar-nos, então, em que outro lugar encontra-se a desarticulação. Por exemplo, encontramos desarticulação no discurso destes três irmãos, e Amália não podendo articular-se no mesmo.

Amália diz: "Eu quero brincar com Luciana" (não diz "brinco com Luciana"; não é o mesmo dizer "eu quero" ou "eu brinco"). Neste momento, talvez como Amália estava nos transmitindo demasiado saber, Clarissa precisa intervir. Clarissa usa os conhecimentos como obturadores do saber da irmã. E diz: "Esta menina (para indicar a amiga) (observamos que Clarissa não pode nomear nem os irmãos, nem a amiga da irmã, e também que diz "desarticuláveis" em lugar de "articuláveis"), vem da Alemanha e tem essas bonecas desarticuladas". Ela quer explicar o que Amália nos transmitiu, como se dissesse: se eu não lhes explico, não vão entender minha irmã, eu sei mais sobre isso. Ela transmite a informação. Tem o lugar do conhecimento. Amália não transmite informação, mas expressa saber.

Amália diz: "Tem mais brinquedos... no outro dia eu não estava e convidou meu irmão" (A mim às vezes serve como método tentar pôr um título nas situações que me impressionam. Amália diz que quando não estava, convidaram o irmão... A esta situação eu intitularia substituição).

Aparece outro esquema de ação (alguém, neste caso o irmão, a substitui). Clarissa intervém: "Agora vai ela (Amália). Ele (referindo-se a Hugo) é desmemoriado. Não pergunte a ele o que foi ver. Mamãe, outro dia, pediu-lhe um quilo de batatas e ele trouxe alface". Também Clarissa fala de substituição, neste caso de alfaces por batatas. Amália esclarece, compreensivamente, "confundiu-se". Amália sempre vai mais além, não se refere à substituição dos objetos materiais, mas à confusa base familiar, que provoca a substituição e a desarticulação.

Depois, Amália vai continuar expressando uma dolorosa metáfora de sua realidade oligotímica: "Havia uma pomba doente, que Hugo e eu trouxemos para casa; a princípio não podia voar com as outras pombas, depois subiu e as outras não queriam deixar".

Ao final da entrevista, a partir das respostas sobre como se inteiraram da convocação ao Hospital, encontramos um exemplo da modalidade de circulação do conhecimento no grupo familiar: Clarissa não precisa que ninguém lhe transmita informação; no mesmo momento em que sua mãe a obtém, ela também a adquire. Avisa-se Hugo, um dia antes, para que informe a professora. Não é informado para que saiba. Não lhe são dados argumentos. A informação que lhe é dada é para que avise na escola sobre os lugares que vão ficar vazios. "Minha mãe me avisou para que eu avisasse na escola que ia faltar", diz Hugo. Amália anuncia simples e magnificamente: "Fiquei sabendo quando vinha para cá". Não se inteira pela informação, pelo conhecimento, mas pelo vivido, por sua experiência pessoal, pelo saber ao qual ela pode aceder e lhe é proibido mostrar.

"... a situação deve ser descoberta. Os relatos que fazem os pais, filhos, assistentes sociais, psiquiatras, nós mesmos, não nos revelam simples e inequivocamente em que consiste a situação."

Ronald Laing

"A criança, sensível a tudo o que não se diz, consegue, através da confrontação de si mesma e dos outros, a possibilidade de um novo começo, inclusive de um primeiro começo, como ser autônomo, não alienado no desejo dos pais."

Maud Mannoni

10

Motivo de consulta

Motivo de consulta

No DIFAJ, temos quatro espaços diferentes para receber o "motivo de consulta". Poderíamos dizer que tomamos quatro circunstâncias (grupo familiar, pais, grupo de irmãos — com o paciente designado incluído —, paciente) para observar a formulação da demanda. Logo chegaremos a certas conclusões a partir das diferenças, constâncias ou repetições entre elas. Nos quatro "motivos de consulta" trataremos de que se descreva, se encene e se especifique "a queixa". Propiciaremos também que se recorte quem fala.

Tratamos de obter uma boa descrição da problemática que preocupa os pais e da sintomatologia. Isto que parece óbvio, eu destaco, pois muitas vezes deixa-se de lado. Pretendemos receber a "queixa" que traz a família sobre o paciente (por exemplo "não presta atenção") e desenvolver uma descrição sobre o que querem dizer essas palavras, quem as diz, por que o dizem, o que pensam eles de por que se diz isto, o que significa para eles que "não preste atenção", e por que para eles isto é importante, etc.

Então pediremos alguma cena familiar onde fique em evidência o não prestar atenção da criança (em geral, tratamos de utilizar a mesma terminologia que usa a família). Esse não prestar atenção pode estar cheio de significados diferentes para cada um dos membros da família, e uma maneira de aclarar a situação é pedir exemplos, anedotas, situações, cenas. Utilizaremos esta modalidade tanto no motivo de consulta com os pais, como na entrevista fraterna e no motivo de consulta à criança. Também nestes espaços investigaremos o que é que se quer dizer quando se diz que "não presta atenção" ou "não pode ler e escrever".

Uma vez pedi a um paciente, que era trazido à consulta por ser desatento, que tratasse de dar-me um exemplo onde ele tivesse sido desatento, e disse: "Um dia estávamos na piscina e minha irmãzinha de dois anos se afogava, então minha mãe atirou-se para salvá-la; eu estava olhando, e meu pai chamou-me de dentro e eu não o atendia".

Para o pai (que não sabia o que estava ocorrendo na piscina), era desatento porque o chamava e o filho não respondia. Porém, o menino estava dando atenção a algo que era de vida ou morte. Em geral, quando nos falam de não prestar atenção ou de desatenção, teremos que perguntar-nos para onde o menino dirige a atenção.

Abertura: motivo de consulta familiar

Começamos o trabalho fazendo a cobertura com o grupo familiar convivente e a equipe de profissionais encarregada. Neste momento, trataremos de enquadrar a situação, quer dizer, explicar por que estamos aqui nós e eles, programar a tarefa dessa jornada e receber o motivo de consulta familiar. A partir deste momento, o grupo familiar vai se separando em distintos consultórios e reencontrando-se em diferentes tarefas.

Se bem que nossa modalidade não seja diretiva, costumamos intervir para favorecer a expressão e inclusive realizar algumas intervenções que consideremos imprescindíveis.

Gabriela: o dentro e o fora familiar

Transcreverei o registro da gravação do "motivo de consulta familiar" de Gabriela,[1] já que também tomei esse DIFAJ para realizar outros comentários.[2]

PAC 1 (psicopedagoga encarregada)*: "Eu sou psicopedagoga e estou um pouco nervosa como vocês, porque somos muitos, e isso nos põe a todos um pouco nervosos. Não é o mesmo falar diante de uma só pessoa ou dian-

---

[1] Todos os nomes foram modificados, como também algumas circunstâncias particulares que ferissem o necessário respeito pela privacidade da família.
[2] Ver Apêndice. "Informe da equipe de admissão", "Entrevista com a família..." e Capítulo 11.
* *Nota da Tradutora:* PAC – Psicopedagoga A Cargo: psicopedagoga encarregada. Foi conservada a forma usual PAC para facilitar.

te de um grupo grande, e muito mais nervosos, porque nós estamos sendo gravados (indica o gravador). Estamos gravando porque, às vezes, cometemos erros: então, depois escutamos o que dissemos e vemos as "mancadas" que cometemos e assim podemos aprender e corrigir-nos. Isso é aprender, equivocar-se, dar-se conta e seguir aprendendo. Bem, se não incomoda a vocês, vamos gravar."[3]

A ordem de abertura não é sempre igual, ainda que em geral leve em conta o fazer referência a alguma situação que permita abrir o espaço de confiança necessário para a tarefa. Em tal sentido, comunicar com os próprios erros, carências e temores que, nesse momento, a situação grupal potencie ajuda a criar um espaço transicional psicopedagógico em que circule o saber e o conhecimento. O enquadre da situação de consulta, por si mesmo, traslada o lugar de conhecimento dos pais para o terapeuta. Como psicopedagogos, devemos sair desse lugar para que se mobilize a circulação do conhecimento no grupo familiar.

Mãe: Não nos incomoda.
Pai: (concorda).
PAC 2: Querem apresentar-se?
Jorge: Eu me chamo Jorge e sou o irmão.
Maria Florência: Eu sou Maria (pronuncia com dificuldade e em voz mais baixa, seu segundo nome).
Gabriela: Gabriela.
Pai: Eu sou o pai, Raul Campelli.
Mãe: Eu sou a mãe, Cristina.
PAC 1: Vocês já sabem mais ou menos por que estamos aqui. Estamos para trabalhar durante toda esta manhã e tratar de ajudá-los nas dificuldades ou no que preocupa vocês. Para isso nós estamos aqui. Agora gostaríamos que nos contassem para que vocês estão aqui.
Mãe: Estamos aqui porque não sei o que acontece com Gabriela, porque não vai como deveria na escola. Em casa é uma garota e na escola é outra completamente diferente.
Jorge: Ou seja, em casa brinca muito, na escola é calada, não se dá com ninguém.

---
[3] Transcrevo o texto integral da gravação, com as omissões, erros, repetições e falhas na enunciação do falar dos terapeutas. A palavra escrita que tenta repetir a palavra falada descontextuada pode parcializar-se ou inclusive remeter a outras interpretações, mas isso também acontece com a palavra dos pacientes.

Mãe: Aqui trouxe os cadernos, um de aula e outro particular, e vai ver a diferença que há na escrita, para ver como é. Por quê? Porque é uma mudança muito grande. É diferente em casa e na escola.

PAC 1: Quer dizer, você a vê diferente de como é em casa e do que lhe contam que é na escola. Quem lhe conta isto? A partir do que diz que é diferente?

Mãe: A professora, eu vou seguidamente à escola, como trocou de escola e agora trocou de colegas. Estava até agora sentada com uma colega, mas agora a professora trocou-a.

Pai: Está sentada uma menina e um menino, e ela não se adapta a esse contato para fazer amiguinhas. Porque na escola anterior tinha 2 ou 3 amiguinhas e agora não faz amiguinhas.

PAC 1: Claro, é difícil, é o que nos acontece, encontrar-se com tanta gente nova... É difícil, não, Gabriela?

Pai: É nova esta escola, porque há poucos meses que trocamos de casa e ficou sem amiguinhas, e além do mais agora está com os meninos. Bah! Toda a escola é assim, ou seja, um menino e uma menina, são feitos grupos de meninos e meninas. Antes ia contente à escola porque se encontrava com as amiguinhas.

Mãe: A diferença para ela é também que com a professora do ano passado dava-se bem, brincava com ela, estava mais familiarizada, e esta é uma pessoa já mais velha, ela queria um apoio diferente.

PAC 3: Gabriela conta a vocês que gostava mais da outra escola?

Pai: Sim, agradava-lhe mais também o outro bairro.

PAC 1: Todos se mudaram, que bairro lhes agrada mais?

Mãe: Este é um bom lugar para viver, é um lugar sobre uma avenida, asfaltado, a outra era uma rua de terra. Para mim, é melhor onde estamos agora.

Jorge: Para mim também.

Pai: Gosto mais de onde vivo agora, porque morei aí antes, porque por outro lado fizemos negócio, para trabalhar, para encaminhar os filhos.

PAC 1: A ti, qual agrada mais? (dirigindo-se a Maria Florência).

Maria Florência: Agora.

PAC 1: E a ti, Gabriela?

Gabriela: A outra.

PAC 1: Que bom, pudeste dizer algo diferente! Como é importante poder dizer algo diferente, não é Gabriela? Claro... porque, Gabriela, quantos anos tens?

Gabriela: 10.

PAC 1: Porque aos 10 anos valorizam-se coisas diferentes que aos... (dirigindo-se a Jorge): Tu, quantos anos tens? (dirige-se a cada um)...
PAC 1: Os problemas começaram agora com a mudança?
Mãe: Não, ela sempre teve problemas de aprendizagem.
PAC 1: Em que aspectos?
Mãe: Ela não fixa o que estuda. Repetiu a 2ª série, fez a 2ª série em uma escola que tem gabinete psicopedagógico e aí ajudou bastante, porém era longe, quando chove ou faz frio... não voltamos a inscrevê-la nesse colégio, agora que... era outro colégio. Não voltei a inscrevê-la pensando que havia superado o problema e nos damos conta que não.
Pai: (tosse).
PAC 2: Então trocaram duas vezes de escola.
Mãe: Não, quatro.
PAC 1: Como foi?
Mãe: Pré-escola, 1ª e 2ª fez em um colégio, dali nos mudamos e foi para o colégio que tinha gabinete psicopedagógico, e depois para outro colégio.
PAC 1: (dirigindo-se aos irmãos): Vocês também tiveram tantas mudanças de escola?
Jorge: Eu fiz o primário em três colégios.
Maria Florência: Em um só.
Pai: Um só e sempre o mesmo professor, vivia sempre do mesmo lado.
PAC 1: O senhor estudou aqui nesta região?
Pai: Não, eu fiz 5 anos com o mesmo professor. Também em mim pouco se fixava, me era muito difícil aprender.
PAC 1: Viste, Gabriela, com teu pai acontecia algo parecido com o que acontece contigo, mas tu estás numa situação diferente, teu pai trata de ajudar-te e ainda mais, na região de teu pai não havia psicopedagogo.
Pai: Não, não, meu pai e minha mãe iam trabalhar no campo, o que eu aprendi foi sozinho, ninguém me ajudava. Eu... não tinha ninguém que me ajudasse, tinha que fazer tudo sozinho.
PAC 1: Ainda bem que o senhor agora pode buscar ajuda para seus filhos.
Pai: Na escola falava-se o idioma oficial, o castelhano como aqui, e em casa falava-se o dialeto, era perturbador para nós. Na escola falava-se de uma maneira e em casa, de outra.
PAC 1: (dirigindo-se a Gabriela): Viste, papai está contando que em sua região na escola falava-se de uma forma e em casa de outra, que difícil!

Aqui, às vezes pode acontecer o mesmo. Às vezes acontece que na escola e em casa falam-se dois idiomas diferentes. (Silêncio).

PAC 1: Bem, não sei se alguém quer dizer algo mais, porque agora vamos nos dividir e, em alguns momentos, vamos ficar todos juntos e em outros, separados. Querem dizer algo mais?

Enquanto os pais se retiram com alguns profissionais, o pai diz a Gabriela: "Fala mais forte que depois te dou um caramelo".

O desenrolar do motivo de consulta do grupo familiar possibilita a criação de um espaço onde circule a deposição dos aspectos doentios e se desesteriotipe a "queixa" trazida pelos pais. Por exemplo, a mãe de Gabriela disse de início: "Não vai como deveria na escola", "O que estuda não fixa", questiona as professoras, e logo, a partir das intervenções de Jorge e do pai, que começa a encontrar pontos de contato entre ele e Gabriela, a mãe fica em silêncio.

Motivo de consulta dos pais

Abrimos este momento sugerindo que comentem o que os trouxe à consulta. Os pais falarão livremente, sem que façamos perguntas particularizadas. Simplesmente queremos que contem como veem o filho nesse momento, sem remontar, na ordem inicial, ao passado. Quando comentarem sobre o que os preocupa, trataremos de conseguir uma descrição detalhada do problema. A versão que os pais transmitem sobre a problemática, e principalmente a forma de descrever o sintoma, dão-nos importantes chaves para nos aproximarmos do significado que a dificuldade de aprender tem na família.

Os giros idiomáticos* indicam, de maneira figurada, um significado oculto até mesmo para o próprio falante. Afirma Sara Paín que muitas mães dizem: "Meu filho não me aprende", denunciando que o filho não aprende para elas, quer dizer, não as repara, frase que é uma queixa e uma súplica em uníssono. No motivo de consulta aos pais tratamos de analisar:

- O tipo de vínculo que os pais, como casal, estabelecem entre si e frente ao terapeuta como um outro que pode representar o exterior.

- O grau de independência e de autonomia de pensamento dos pais quanto à possibilidade de opinar sobre o que os preocupa. Se apresentam argumentos explicativos para descrever, se tratam de convencer-nos, se apelam a opiniões de outros como último argumento.

---

* *Nota do Revisor:* Os "giros idiomáticos" são expressões (construções verbais) que possuem erros gramaticais, mas que são construídos pelos grupos sociais e possuem um uso comum.

- O que significa o não aprender da criança para a família e para os pais?

A reação familiar frente ao fracasso escolar, ou frente ao não aprender, relaciona-se com os valores que predominam no grupo social ao qual liga-se a família. Assim, o fracasso escolar não será tão grave em um núcleo em que esta frustração não devolva à família uma imagem desvalorizada de si mesma.

- Quais são as expectativas que os pais põem em nossa intervenção? Ao enunciar o que esperam, às vezes dizem "saber se não pode ou não quer", "saber se ele é a causa ou nós", "se mudasse de escola", "que me ajudem", "que o ajudem", etc.

- Que tipo de comunicação adotam frente a um terceiro?

- Quais são os obstáculos ou os aspectos que estabelecem um desacordo entre eles? (Se é explicitado este desacordo ou se é encoberto).

- O grau de discriminação mútua.

- Se os pais estabelecem diálogo um com o outro. Se a conversação, pelo contrário, consiste em dois monólogos dirigidos ao terapeuta.

Tais modalidades geralmente remetem a uma modalidade similar dentro do grupo familiar.

Ao mediar a sessão, tratamos de levar os pais da infância do filho à sua própria infância.

Não incluímos a anamnese no motivo de consulta, já que damos importância relevante ao discurso espontâneo para poder entender o significado do sintoma na família e para a família.

Tratamos em geral de requerer, sobre o mesmo tema, a opinião de ambos os pais. Não é conveniente tomar a palavra ou o sentimento de um dos membros do casal como um bloco.

Os pais precisam sentir-se protegidos, e somente percebendo uma boa escuta, não crítica, terão o espaço de confiança necessário e terapêutico. Nossa função não é julgar se foram bons ou maus pais, mas favorecer a expressão, criando um clima afetuoso e compreensivo.

Por isso recorremos também às suas próprias infâncias. Isto os ajuda a ver que dentro deles atua também uma parte infantil e, principalmente, a aproximar-se da compreensão do filho.

Às vezes uma simples pergunta: "Quando o senhor brinca com seu filho?" ou "Agrada-lhe brincar com Pedro?", ou "O que lhe agrada fazer com Susana?", tem um efeito terapêutico importante.

Ainda que os pais procurem ajuda, é previsível que apareçam obstáculos e resistências à nossa ação. Vamos encontrar ocultamento, engano, sedução e desautorização em relação a nós, justamente para evitar que contatemos com o que nos foi ocultado, enganado, seduzido ou desautorizado. Tais atitudes devem ser tomadas como elementos que vão nos servir para poder entender o problema de aprendizagem da criança, e não devemos nos deixar atingir pela agressão que elas contêm.

Motivo de consulta fraterno e entrevista fraterna

Simultaneamente ao motivo de consulta dos pais, realiza-se o motivo de consulta fraterno e, em alguns casos, a hora de jogo fraterna. A ordem varia de acordo com a constituição do grupo.

Em geral, tratamos de investigar como se inteiraram e como foram informados o grupo de irmãos e o paciente designado, da convocação ao DIFAJ, já que poderemos obter uma amostra sobre como circula a informação no grupo familiar.

Costumamos pedir, em seguida, que dramatizem os momentos iniciais vividos pelo grupo familiar, antes de ir até o lugar onde está se realizando o diagnóstico. Se o diagnóstico realiza-se pela manhã, pedimos que dramatizem desde o momento de levantar-se até chegar ao hospital. Alguns de nós podem se prestar para representar os papéis de pai e mãe, no caso em que o grupo o solicite, e cumprindo rigorosamente o enredo e características que nos indiquem.

Em outras ocasiões, tratamos de precisar uma boa descrição do sintoma por todo grupo de irmãos, e inclusive pedimos que cada um deles represente alguma cena onde também tenha se encontrado, por exemplo, sendo "desatento", "agressivo" ou "tímido", conforme o que se atribua ao paciente. Observaremos, à parte do significado particular de cada cena apresentada, a dinâmica de organização para o jogo, ou a dramatização. Por exemplo, quem organiza as cenas, como se situam no espaço, quem se coloca como *ensinante*, se alguns se apresentam menos qualificados por serem menores ou, ao contrário, qualificados por serem menores, quem é que fica oculto, quem se apresenta ante todos os demais, quem se esconde e quem se mostra, quem esconde quem, que tipos de alianças se estabelecem, se aceitam que outros representem os pais, ou se eles mesmos representam os pais, qual deles faz isto, etc.

As técnicas dramáticas possibilitam uma contribuição de essencial validade para o diagnóstico, já que permitem a espacialização e objetivação dos vínculos. Não é o mesmo falar de uma situação ou dramatizá-la, porque neste último caso aparece o corpo com toda a expressividade a que dá acesso.

Por outro lado, as técnicas dramáticas permitem à criança e seus irmãos a conexão com os aspectos lúdicos. Há muitos temas que são muito difíceis de tratar verbalmente, pois produzem humilhação, temor ou vergonha. Como nos ensina Pavlovsky, a dramatização através do simbólico permite que certos temas, como o medo da loucura, da debilidade mental, da homossexualidade, possam aparecer com uma carga menos direta, uma espécie de armadilha à defesa possibilitada pela dramatização.

O jogo, sobretudo com as identificações, com as situações múltiplas que propõe, com a possibilidade de tomar diferentes papéis, permite-nos observar, a partir da possibilidade de que a criança ou o adolescente possam ou não colocar-se nos diferentes personagens, e atuar como eles (pensar como mamãe, como papai, como o irmão), a existência ou não do problema de aprendizagem-sintoma. O problema de aprendizagem reativo não modifica, necessariamente, a atividade lúdica ou dramática da criança ou do adolescente, como fazem o problema de aprendizagem-sintoma ou a inibição, já que necessariamente está *atrapada* junto com o aprender a capacidade de jogar.

Como exemplo da utilização das técnicas dramáticas na entrevista, vamos relatar a "hora de jogo fraterno" de Gabriela e seus irmãos. Este momento também nos permitiu observar que, embora existisse na família uma patológica circulação do conhecimento, e Gabriela apresentava dificuldades escolares relacionadas com esta circunstância, a situação de Maria Florência (filha que não apareceu entre as preocupações dos pais até ser explicitada por nós) indicava um caráter de urgência na intervenção. A presença dos irmãos possibilitou, neste caso, a emergência de uma série de significações familiares relacionadas com o aprender, que não teriam sido descobertas ou, pelo menos, não poderiam ter sido descobertas com a mesma rapidez, sem a presença deles.

Talvez, até, sem a presença dos irmãos, nós tivéssemos observado somente o caráter reativo do problema de Gabriela, sem ver a gestação sintomática em curso.

Gabriela ou Maria Florência

Motivo de consulta dos irmãos Campelli[4]

Jorge: Viemos aqui para ajudar minha irmã de alguma forma, hum... o problema dela é, bem, que em casa age de uma forma, hum..., joga, diverte-se, graceja, e chega à escola e é totalmente diferente. Conforme a descreve

---

[4] Ver Apêndice: "Gabriela: Não lhe fica", e Cap. 11: "Gabriela: o dentro e o fora familiar".

a professora, fica sentada ali, não fala com ninguém, calada, no recreio não fala com ninguém, eu lhe pergunto por que e não sabe me dizer.
PAC 1: Perguntas a Gabriela por quê?
Jorge: Claro, não sabe me dizer por que as meninas se vão para outro lado, com outro grupo, e não encontra motivo para isso, porque não pode ser como é em casa, agir como age em minha casa, na escola não pode.
PAC 2: Escutaste o que disse Jorge (dirigindo-se a Gabriela). Jorge diz que tu és de um jeito em casa e que a professora disse que na escola és diferente.
PAC 1: Sabes o que acontece, Gabriela? A mim, parece que aqui está acontecendo o mesmo que na escola. Tu notaste que Jorge disse que em casa Gabriela graceja, joga, ri, fala, mas na escola, que é um lugar desconhecido, que cada ano tens que conhecer gente nova, gente que fala, quando muito, de uma maneira estranha como nós, e então não podes ser na escola como em casa. Talvez isto que eu estou dizendo não seja verdade, porque eu estou falando por Gabriela. Perguntaram a ti e eu respondi.
PAC 2: Talvez Gabriela tenha vontade de nos contar para que veio. (Gabriela diz algo no ouvido de Jorge). Tens vontade de nos contar isto?
Jorge: Não se lembra.
PP 1: Talvez Gabriela possa falar, aos poucos, com uma coleguinha na escola.
Jorge: O que eu vejo é que mudou o entusiasmo que tinha antes.
PP 1: Tu vês Jorge entusiasmado para ir à escola?
Gabriela: Sim.
PAC 1: E Maria Florência?
Gabriela: Sim.
PAC 1: E tu?
Gabriela: Não.
PAC 1: Por que tu achas que Jorge e Maria Florência vão com vontade à escola?
Gabriela: Porque Jorge vai rápido e Maria Florência não gosta de ficar em casa.
PAC 1: Por que não nos mostra como faz cada um para ir à escola? Ela disse que tu vais rápido (dirigindo-se a Jorge). Por exemplo, se eu quero contar-lhes algo, posso usar as palavras ou fazer assim (representa-se uma pequena cena neutra entre PAC 1 e PAC 2), e vocês certamente entenderam melhor do que se eu tivesse lhes contado.
Jorge: E se representamos outra coisa...

PAC 1: Pode ser. O que lhes parece o momento compartilhado por todos vocês, hoje em sua casa, antes de vir para cá?

Jorge: (levantando-se): Quem vai fazer de mamãe?

PAC 1: Qualquer uma de nós (referindo-se à equipe terapêutica), se vocês quiserem, podemos participar. Mas, vocês vão ter que nos dizer o que temos que fazer. (Enquanto diz isto, vai se levantando e aproximando-se de Gabriela e Maria Florência, que tinham ficado sentadas sós, em frente à equipe terapêutica e Jorge).

Jorge: (faz como quem se levanta da cama): Eu me levanto, tomo o café da manhã.

A PAC 1 mostra, observando o que Jorge fez, que é o que deseja que façam. (Deita-se no chão, fecha os olhos, abre-os, faz a mímica de vestir-se, tudo em silêncio). Logo diz: "Vamos fazer assim. Cada um representa a si mesmo, fazendo o que fez esta manhã. Todos juntos".

PAC 2: Em lugar de contar, mostrem-nos.

Jorge: Você pode fazer de minha mãe (dirigindo-se a uma aluna interveniente).

PAC 1: (aproxima-se de Gabriela e pergunta-lhe quem pode fazer de pai. Gabriela aponta a PAC 2): Se lá está o dormitório, onde estará a cozinha?

Gabriela levanta-se timidamente e vai mostrando, com seus deslocamentos, a situação dos diferentes aposentos da casa. O irmão confirma que está bem o que Gabriela faz, mostrando-se surpreendido pelas possibilidades de Gabriela para representar o espaço.

Desenvolve-se logo uma cena onde a mãe vai despertar Gabriela e Maria Florência, falando sempre com Gabriela ou Jorge. (Quem dava o enredo, principalmente para quem tinha que representar o pai e a mãe, era Jorge, mas Gabriela, com sua participação, sugeria as intervenções. Maria Florência parecia assustada e rígida, só se movia quando os demais a indicavam). Em seguida, representam espontaneamente o momento em que entram no carro de Jorge. A mãe senta-se na frente ao lado de Jorge, que dirige. O pai vai atrás, com as filhas. Jorge pede a Gabriela que limpe os vidros de trás "porque não pode ver". Gabriela o faz, expressando um gesto de desagrado. Continuam representando a entrada no hospital, e então Jorge quer que Gabriela faça algo que ela não quer representar. Então comenta que, quando estavam esperando, antes de entrar, Gabriela espiou pela fechadura os profissionais que estavam dentro do consultório.

PAC 1: Como se sentem? Que tal parece o que fizeram?

Gabriela: Eu gostei. Gosto de brincar.
Jorge: Fizemos o que aconteceu. Minha mãe sempre metida no meio. Muito bem (dirigindo-se à aluna participante que havia representado a mãe, dando forma com sua expressão corporal a uma mãe que domina a situação, não olha o esposo, nem a filha mais velha, que sobe primeiro no carro, etc.). Muito bem. Fizeste tal e qual minha mãe.
PAC 1: Quando tu, Jorge, contaste que Gabriela espiava pela fechadura, o que pensava?
Jorge: Que era errado.
PAC 1: Só isso?
Jorge: Que eu gostaria de ter feito o mesmo.

Se poderá ler também na entrevista fraterna de Amália (cap. IX), os efeitos de exemplificar as vantagens da inclusão dos irmãos no DIFAJ. Vantagens que se potenciam, segundo meu ponto de vista, já que temos a oportunidade de observar o subgrupo de irmãos isolado, e então comparar a ação no seio de toda a família junta ("Abertura") e na presença dos pais, sem o considerado paciente.

Assim, por exemplo, o pai de Gabriela não pode expressar desacordo com sua esposa frente a um terceiro. No motivo de consulta aos pais, somente no final e como resposta, ao tentar explicar por que não se podia antecipar à filha a decisão sobre a mudança, surge o desacordo do pai em relação a essa decisão. No "motivo familiar", diz: "Esqueci", em lugar de "Eu não queria vir aqui por quatro horas"; e quando se perguntava a todos onde gostam mais de morar, se na casa atual ou na anterior, o pai disse: "Gosto mais de onde vivo agora, porque morei lá antes, porque fizemos o negócio para encaminhar os filhos". Esta resposta, que no momento em que ouvimos interpretamos no sentido de que gostava mais do lugar atual, conforme pudemos entender depois com o que explicitam no "motivo dos pais", refletia a dificuldade de mostrar o desacordo com sua esposa quanto à decisão de mudança. Não obstante, naquela ocasião, Gabriela foi a única do grupo que pôde expressar claramente que não lhe agradava o novo lugar. Como duas faces de uma mesma realidade: cobrir o que sente, esconder o que se sabe (Maria Florência, a filha oligotímica), mostrar o que se sente e se pensa (Gabriela, a filha trazida à consulta), estavam se expressando na atitude do pai em relação a mostrar um desacordo com a esposa.

Motivo de consulta do paciente

Quando chegamos a esse momento, a criança já realizou uma experiência conosco. Participou do "motivo de consulta familiar" e do "motivo de consulta fraterno", quer dizer que teve a possibilidade de escutar seus pais consultando por ela, já que são muito poucas as crianças em nossa experiência que podem expressar a sua demanda. Teve também a possibilidade de escutar seus irmãos e, nessa ocasião, muito provavelmente pôde rechaçar ou aceitar o que diziam dela, e talvez enunciar com suas próprias palavras a queixa que os demais têm sobre ela ("venho porque vou mal na escola", "gosto de fazer barulho", ou "porque sou reprovado"). São muito poucas as crianças que podem dizer, como Ernani, venho "porque estou doente de papai".

A *consigna* se modificará de acordo com a solução, porém sempre tendendo a transmitir ao paciente designado nosso interesse em escutar sua versão da problemática, a possibilidade que tem de expressar que coisas o preocupam e desagradam, e nosso desejo de ajudá-lo, desde que ele possa formular o pedido.

Tratamos de observar as diferenças e semelhanças entre os quatro "motivos de consulta". Assim, Gabriela diz, no MC familiar, que não lhe agrada o lugar onde vive atualmente (ao contrário de sua família). No MC fraterno, nos diz que não tem entusiasmo para ir à escola (ao contrário de seus irmãos), que pode e gosta de jogar, que tem uma boa representação de espaço e, no "motivo individual", responde hiperacomodativamente a todas as perguntas, refletindo o perigo atribuído ao "fora da família".

Nossa experiência nos demonstra que a criança, no momento em que fica só com os terapeutas, porém no mesmo âmbito em que já se foi construindo um espaço de confiança, tem mais possibilidades de recortar-se em sua individualidade. (Às vezes, como com Gabriela, pelas características de sua história, acontecerá o inverso).

Para concluir, o ponto crítico em todo motivo de consulta, mais do que revelar a demanda do paciente, é construir um "espaço de confiança" que possibilite a articulação de tal demanda.

"Enquanto não se analisa cada um dos membros de uma família, é difícil entrever as necessidades inconscientes da criança e os desejos inconscientes do pai."

J. de Ajuriaguerra

"O psicodrama é essa praia entre o sólido e o líquido, entre a mãe e o mundo, entre a pulsão e o pensamento."

Didier Anzieu

11

Entrevista com a família sem o paciente

Nós vínhamos trabalhando em diagnóstico psicopedagógico com um critério em que, ainda que não se pudesse revelar o significado do sintoma de um membro da família sem apelar ao significado que o aprender tivesse para todo esse grupo familiar, e ao significado do sintoma para a família, não necessitávamos incluir a família em conjunto. Os pais eram chamados para o motivo de consulta, e os irmãos não se faziam presentes. Quando implementamos o DIFAJ, além de todas as motivações enunciadas, consideramos um eixo central de nossa modalidade: a inclusão de todo o grupo familiar, sem que se perdesse a individualidade e a originalidade de cada um dos integrantes. Queríamos particularizar um modelo que articulasse a intervenção sobre o grupo, mas que, ao mesmo tempo, recuperasse o indivíduo em sua autonomia e originalidade. Não impor um modelo diagnóstico que, pelo próprio enquadramento, afogasse a possibilidade de que o paciente designado se recorte, se diferencie, encontre-se com seus próprios sentimentos e pensamentos. É certo que o paciente, em geral, sintomatiza um problema que é familiar, mas justamente o assume (no caso de problema de aprendizagem) afogando a possibilidade de recortar-se e cerceando ou anulando a possibilidade de ter sua própria palavra. Então, pensamos e observamos que um modelo onde somente se dê a palavra à família não é conveniente. A criança ou o adolescente-problema de aprendizagem geralmente é verbalizado por outro, e ele não tem a possibilidade de falar por si mesmo. Um modelo diagnóstico que não possibilitasse este espaço ao paciente, designado como problema de aprendizagem, reforçaria o fato de os demais falarem sobre ele.

Certamente poderia ser assinalado ou interpretado, mas pode acaso a criança ou o adolescente-problema de aprendizagem decodificar essas interpretações verbais?

No modelo que havíamos esboçado primeiramente, não havíamos incluído um momento de trabalho entre os pais e irmãos do paciente. Depois de utilizar algumas vezes aquele esquema, chegamos a considerar que era conveniente incluir os irmãos com os pais em alguma circunstância. Fizemos, então, uma ou duas experiências e observamos que esta inclusão dos irmãos ao motivo de consulta paterno, sem uma clareza desde o enquadramento e a *consigna,* motivava que os irmãos fossem usados pelos pais como agentes de delação sobre o que havia ocorrido com o paciente no momento anterior (entrevista fraterna). Surgiam dos pais perguntas do tipo: "Que fez teu irmão, esteve bem, como foi"? Nós achamos que estávamos reforçando essa situação patológica onde o considerado enfermo ia ser verbalizado pelos outros, ou o paciente era delatado por seus irmãos. Pensamos então em incluir uma ordem que tomasse justamente o fato presente de que o paciente estava só, em outro consultório, e o resto do grupo familiar encontrava-se sem ele. Elaboramos então uma ordem que se resume mais ou menos assim: "Agora aqui está todo o grupo familiar, e Juan, neste momento, ainda que saibamos onde está, não está conosco. Em todo grupo familiar sempre há situações onde podem estar todos juntos, e outras onde não acontece isto. Tratem de pensar por algum momento, em alguma situação onde tenha acontecido o mesmo que está acontecendo aqui, quer dizer, que estivessem reunidos todos vocês, e Juan não tenha estado junto".

Quer dizer, simbolicamente pode estar presente e, no momento, não dividir o mesmo espaço. Então, trazemos esta situação presente, desde o real, como trampolim para investigar o lugar do paciente designado problema de aprendizagem, como depositário da enfermidade de todo o grupo familiar, como signo de um conjunto de vínculos alterados, como porta-voz ou intérprete dos não ditos familiares, etc.

Além disso, permite-nos ver como o grupo atua sem a presença daquilo que supostamente incomoda, que é o sintoma do paciente.

Observamos assim que, quando o paciente não está presente, o grupo se organiza de tal maneira para que outro assuma o lugar do sintoma, ou todo o grupo familiar o assume.

Assim, Mariano era acusado de incomodar: "Quando ele está, ninguém pode fazer nada, sempre incomoda". No momento da cena, recordo, este papel foi desempenhado claramente pelo irmão menor que não deixava ninguém trabalhar, chorando permanentemente. No entanto, esta situação não era registrada pela família. Dizia a mãe nesse preciso momento: "Como estamos bem quando Mariano não está, porque Mariano é quem não nos deixa pensar, fazendo barulho". Posteriormente, chegamos à conclusão de que neste momento do diagnóstico é que se deve realizar maior quantidade de intervenções terapêuticas operativas. Assim, no exemplo comentado anteriormente, o terapeuta pôde dizer: "Vocês aqui estão comentando que Mariano incomoda e não os deixa trabalhar. Tratemos de ver o que é que está acontecendo agora que Mariano não está". É aqui que o terapeuta poderá utilizar essa função que eu chamo de semáforo, colocando luz vermelha ou luz amarela, fazendo deter ou possibilitando a continuidade do desenvolvimento das cenas. Só a aparição da luz vermelha, que manda parar, ajuda a organizar-se.

Ainda que a funcionalidade não crie o problema de aprendizagem ou o sintoma, faz com que este se mantenha, enquanto benefício secundário, para o grupo familiar.

À medida que por sua estrutura pessoal o paciente permite que seja ele e não outro que tem problema de aprendizagem, então todo o grupo familiar pode defender-se da angústia. Porque o conflito que está angustiando em relação ao conhecer e ao não conhecer, ao secreto, ao escondido, ao roubo ou às diferentes significações que o aprender esteja apresentando dentro desse grupo, pode ser encoberto pelo sintoma.

A mãe de Amália diz (na "cena-lembrança"): "Quando ela está junto, esconde". Deter a cena pode possibilitar a dinamização e que todo o grupo familiar possa começar a significar de maneira diferente a situação que os levou a necessitar do sintoma do paciente. Poder-se-á observar que na entrevista com a família de Gabriela, ainda sem chegar à dramatização, a necessária comunicação com a imagem que a *consigna* exige abre um sem-número de reflexões, reconhecimentos de "armadilhas" e começo de ressignificações. Incluímos, entre outras razões, a família real, para que todo o grupo compreenda como necessitam de que alguém se encarregue de determinados aspectos para que eles possam defender-se da angústia que lhes provoca, ou para poder manter-se juntos, ou para "esconder" algum "não dito", etc. O interessante da cena-lembrança é que, precisamente, aparece o sintoma ou as características do sintoma em outros, possibilitando elementos diagnósticos e terapêuticos importantes.

Primeiro, pedimos que encontrem esta cena, que a relatem e, se possível, que a dramatizem; em outros casos, pedimos que a desenhem, em geral pedimos que ponham um ou vários títulos, por exemplo, que cada um deles ponha um título na cena relatada ou representada.

Por exemplo, o título de uma destas cenas dado por uma família em conjunto foi "reunião familiar", e a cena descrita era uma refeição de todo o grupo, enquanto o menino dormia em outro aposento com a porta aberta, de onde eles podiam observá-lo.

Esta cena permitiu assinalar por que o paciente-problema de aprendizagem está dormindo com sua inteligência adormecida, como uma forma de manter a reunião da família. Para que houvesse grupo familiar, teria que haver uma inteligência adormecida.

Gabriela: o dentro e o fora familiar

Para a família de Gabriela,[1] para quem o dentro-familiar é tido como bom para que as mulheres aprendam, e o fora perigoso, a "cena-lembrança" que aparece é "quando vai à escola", e isto permite associar à mãe, recordando o tempo de antes do nascimento de Gabriela: "No momento em que Gabriela não havia chegado ao mundo, tínhamos o pensamento em outra coisa" diz, recordando aquela época.

Quando é sugerido que representem esse momento da vida familiar, em que eles estão em casa e Gabriela na escola, dão-se conta de que quem fica em casa são a mãe e Maria Florência, sozinhas. Surge um momento de confusão. Então Jorge diz: "É difícil que estejamos todos quando ela não está". O pai intervém: "Pode ser, quando vai à casa da madrinha, quer mais à madrinha que à mãe".

Aqui, eu lhes peço que se detenham, para pensar no que estava acontecendo.

O pai diz: "Quando ela está tem barulho, pergunta tudo, ri, não é que incomode... Na casa da madrinha aprende palavrões. Eu a repreendo, em casa não se diz palavras sujas".

Olhando a mãe, pergunto-lhe como se sente. Diz, com tristeza: "Quando eu tinha dez anos tive que criar minha irmã, e depois a levaram".

Jorge pensa em voz alta: "Quando não está, sente-se um vazio, sinto falta dela".

Considerando o que diz Jorge, assinalo: "Gabriela tem um lugar difícil, ela deve trazer a alegria; logo, ir à escola, é deixar a família só. Não sei se a família ou a mãe...". E continuo pensando em voz alta: "Estava pensando em Maria Florência" (Maria Florência permanecia quieta e olhando para baixo).

---

[1] Ver Desenho da família, na página 244.

Então o pai diz: "Pensamos que era uma coisa mais rápida" (eu continuava pensando em Maria Florência). Entretanto, a mãe continuou o diálogo com seu esposo, seguindo por outro caminho, diferente do meu, mas que era, seguramente, também uma linha por onde se podia ir. A mãe disse então: "Eu disse". O pai: "Não sabia". A mãe: "Não te disse?". O pai: "Me esqueci". E a mãe: "Eu lhes disse, desde o primeiro dia, que tinham que ficar quatro horas".

Quando eu mencionei Maria Florência, ela tinha levantado os olhos, sentara-se mais direita e havia me olhado com simpatia. Quando o pai me interrompeu, ela voltou à posição inicial. Então, talvez impelido pelo olhar de Maria Florência (não pude perceber naquele momento a riqueza do diálogo entre os pais com relação a uma modalidade familiar de circulação do conhecimento e uma atitude para a aprendizagem), disse: "Se queremos que alguém mude, todos temos que mudar alguma coisa".

O pai continua então dizendo: "O que sobra em Gabriela, falta em Maria Florência. É muito tranquila, muito diferente. Gabriela pergunta por que quer aprender. Eu gostaria que Maria Florência fosse mais perguntona, é parecida comigo porque falo muito pouco. Queria que fosse como Gabriela. Quem pergunta, aprende".

O pai conseguiu assim, nessa frase, reunir várias linhas que estavam circulando na entrevista: a comunicação muda entre Maria Florência e eu; a de dentro do grupo familiar (representado nesse momento por Maria Florência) e a de fora (representado nesse momento por Gabriela, que estava fora do consultório). Imaginei que Gabriela podia entrar e sair do "dentro-familiar" e levar às vezes o fora para dentro, enquanto que Maria Florência parecia ter ficado no "dentro-familiar", onde não se pergunta e não se aprende "palavras sujas".

Digo: "Parece que Gabriela é na escola como Maria Florência em casa".

O pai: "Em casa, Maria fala baixo, eu lhe peço que fale alto, eu gostaria que gritasse".

Então, olhando para Maria Florência, que nesse instante já tinha levantado a vista e parecia querer dizer algo, digo: "Parece que ficou com a pergunta na boca". Então a mãe intervém: "Sim. Gabriela me diz sempre porque Jorge é inteligente e eu não. Ela me diz, por todas as coisas que ele faz, como é tão inteligente". Pergunto então a Maria Florência: "É essa a pergunta que queres fazer?". Maria Florência responde com segurança: "Não". Digo: "Se não era essa pergunta, então há outras perguntas". A mãe: "Não, não pergunta, a grande também não" (referindo-se à filha mais velha, casada, que não assistia ao DIFAJ). Então diz Jorge: "Como se poderia ajudar Maria Florência"? O grupo, em uma circunstância terapêutica de confiança, de espera transicional entre o dentro e o fora, entre o possível e o impossível, que permite a circulação do conhecimento, que aceita e não aceita o que cada um diz, que ajuda para que as transversalizações mútuas emerjam, que permite, como diria Pavlovsky, que Jorge se Gabrielize, que o pai se Maria Florencize, reconhecendo uma parecença com ela ("eu também falo pouco"), e se Gabrielize na ação, intervindo, tomando a palavra (no final, vai dizer: "Eu nunca falei tanto"), o grupo permite que eu diga: "Vocês vieram por Gabriela, e agora aparece que também vieram por Maria Florência. Muito bem: o que fazer por Maria Florência? perguntas tu, Jorge. De alguma maneira, quando estiveste há pouco com tuas irmãs (faço referência à "hora fraterna"), no momento que se perguntou a Maria Florência e ela não pôde responder, pediram a ti que respondesses por ela, e tu disseste: "Eu não sei, ela sabe". Então já a estavas ajudando, permanecendo em teu lugar, não falando por ela. Eu penso também que, para que Gabriela possa mudar, toda a família vai ter que mudar, tirá-la do centro. Quero dizer, dessa obrigação de ter que trazer a alegria à família".

Então a mãe diz: "E quando Gabriela vai à escola? Que se pode fazer"? O pai: "Teria que cortar a língua de Gabriela e dar um pouco para Maria Florência". (Frase que, como outras, teria substanciosas leituras para a aprendizagem, o saber e o não saber, o perigo de conhecer). E, em seguida, continua: "O pai e a mãe estão aí para educá-la. Se faz alguma coisa mal, é preciso dizer-lhe que não o faça, não é que incomode". Então a mãe diz: "Quando está em casa, sempre fazendo algo, me pede que lhe dê um número para escrever, pergunta sobre a televisão. Não é que incomode. Deixa escapar palavrões".

Intervenho: "Hoje, há pouco (faço referência à hora fraterna), pudemos ver, com Jorge, Gabriela e Maria Florência, que quando estavam esperando, antes de entrar no consultório, os três tinham vontade de saber o que acontecia lá dentro, e Gabriela espiou pelo buraco da fechadura. Jorge reconheceu que ele também tinha tido vontade de fazê-lo".

A mãe disse: "Gabriela é curiosa". Jorge: "Se eu o fizer, não fica nada bem". (Aqui acabou a fita do gravador que estava registrando a entrevista). Lembro que o pai disse, logo após uma intervenção minha: "Cada um com seu pensamento. Eu, nunca falei tanto". Ao final, assinalamos: "Agora, toda a família, com Gabriela, ficará junta e só, para refletir sobre o que viram aqui. Tratarão de ver em que cada um pode mudar. Nós vamos também, enquanto isso, dar um tempo para refletir entre os profissionais".

A ausência momentânea de Gabriela possibilitou ao grupo familiar um grau de simbolização, que ajudou a nomear o vazio sentido ante essa ausência. Começam a dobrar-se as diferentes significações que cada um traz, mas todos convergem para manter Gabriela "dentro". Para a mãe, o não estar momentâneo de Gabriela é relacionado com a não existência da menina. "Antes de nascer, tinha a mente em outro lado". Jorge, a partir do pedido de uma cena familiar, onde estejam todos sem Gabriela, pôde enunciar que é difícil que a família esteja unida se Gabriela não está. O pai pôde se ver refletido nas duas filhas e começar a mostrar um desacordo com a esposa. Jorge pôde sentir a necessidade de ajudar Maria Florência (centrando o problema, veremos depois que Maria Florência é que necessita de mais ajuda).

Todos começaram, além disso, a significar de maneira diferente, a situação que leva Gabriela a rechaçar a escola, para permanecer em casa (compensando uma mãe que fica "vazia quando ela nasce", como logo nos inteiraremos na anamnese) e necessitando "ficar" para unir a família (ver Desenho da família).

"Para trabalhar com crianças é preciso aprender a jogar com elas antes de interpretar."

E. Pavlovsky

"... à medida que podemos resgatar a parte infantil histérica do paciente, ele pode ajudar a pensar. Há muitos pacientes que sentem que não podem aprender, porque sentem o infantil como vergonhoso ou culposo, e às vezes esta crença pode inclusive ser reforçada por certo tipo de modalidade interpretativa que utilizamos frequentemente."

A. Fiasché

12

Hora de jogo psicopedagógico. Espaço para jogar - Espaço para aprender

O saber se constrói fazendo próprio o conhecimento do outro, e a operação de fazer próprio o conhecimento do outro só se pode fazer jogando. Aí encontramos uma das interseções entre o aprender e o jogar.

O conhecimento o possui o Outro, e só pode ser adquirido de maneira indireta; ao contrário, o saber, que é uma construção pessoal e outorga possibilidade de uso, está relacionado com o fazer, com encarnar o conhecimento de acordo com os caracteres pessoais.

Não pode haver construção do saber, se não se joga com o conhecimento. Ao falar de jogo, não estou fazendo referência a um ato, nem a um produto, mas a um processo. Estou me referindo a esse lugar e tempo que Winnicott chama espaço transicional, de confiança, de criatividade. Transicional entre o crer e o não crer, entre o dentro e o fora. O espaço de aprendizagem "não pode ser situado na realidade psíquica interior do indivíduo, porque não é um sonho pessoal: além disso, forma parte da realidade compartilhada. Tampouco se pode pensá-la (a área da experiência cultural), unicamente em função de relações exteriores, porque acha-se dominada pelo sonho. Nesta área entram... o jogo e o sentido do humor. Nesta área todo bom intelecto está em seu elemento e pode prosperar".[1]

Quando uma criança brinca de andar de avião com uma vassoura, está negando que a vassoura é uma vassoura. Ao usá-la como avião, acredita que é um avião. Porém, ao mesmo tempo que está negando que é uma vassoura, e acreditando que é um avião, está negando que é um avião e acreditando

---
[1] D.H. Winnicott, *El concepto de individuo sano*, Trieb, Buenos Aires, 1978.

que é uma vassoura. Não vai se atirar de um primeiro andar, montando a vassoura-avião. Quando não pode jogar, pode ser que só possa ver a vassoura como vassoura (hiperacomodação), ou que a transforme em um avião (hiperassimilação). Em nenhum destes casos poderia aprender nada, nem sobre vassouras, nem sobre aviões. O espaço transicional é o único onde se pode aprender. Espaço transicional e espaço de aprendizagem são coincidentes.

Para construir um saber, para apropriar-se de um conhecimento, devemos jogar com a informação como se fosse certa e como se não fosse certa. E é no seio deste processo que irá se construindo a criação, a possibilidade de transformar o objeto, de acordo com a experiência de cada um, e por sua vez deixar-se transformar pela inclusão desse objeto.

Como dizia Clare, a esposa de Winnicott, depois de sua morte, com o propósito de dar uma ideia da capacidade de jogar de Donald: "Há vários anos, um amigo que passava alguns dias conosco olhou em torno pensativo, e disse: 'Você e Donald jogam'. Lembro de ter me sentido surpreendida por aquela nova luz que se lançava sobre nós. Afinal, nunca havíamos decidido jogar; não havia em nossa conduta nada consciente, nada deliberado. Vivíamos assim, simplesmente, mas eu via bem o que entendia por isso nosso amigo. Jogávamos com as coisas (nossas possessões), reordenando-as, tomando-as, separando-as, conforme nosso estado de espírito. Jogávamos com as ideias, fazendo com elas malabarismos ao acaso, com a consciência de que não tínhamos a menor necessidade de estar de acordo, de que éramos fortes o bastante para não nos sentirmos feridos um pelo outro. A rigor, o problema de ferir-se um ao outro jamais se nos apresentou, pois operávamos dentro da área de jogo, onde tudo é permitido. Ambos possuíamos a capacidade de extrair prazer, que podia acontecer nas circunstâncias mais inverossímeis e levar-nos a imprevisíveis façanhas. Depois da morte de Donald, um amigo norte-americano escreveu a nosso respeito: 'Dois seres loucos que se encantavam um ao outro e encantavam seus amigos'. A Donald teria agradado este testemunho que lembra tão bem suas próprias palavras: 'Em realidade, quando não somos loucos, somos pobres'".[2]

Nossos pacientes apresentam um déficit no jogar, em correlação com seu déficit na aprendizagem. A prática clínica nos demonstrou, por outro lado, como ao instrumentar o brincar no tratamento, criando esse espaço compartilhado de confiança, pode-se ir modificando a rigidez ou estereotipia das modalidades de aprendizagem sintomáticas. Dizemos que o objetivo do trabalho psicopedagógico dirige-se a ajudar a recuperar o prazer perdido de

---

[2] Clare Winnicott, *Donald Winnicott en persona*, em Donald W. Winnicott, Trieb, Buenos Aires, 1978.

aprender e a autonomia do exercício da inteligência, esta conquista vem de mãos dadas com o recuperar o prazer de jogar. Para jogar, necessita-se de um outro, e um espaço de confiança.

Estas duas circunstâncias são imprescindíveis, ainda no momento em que a criança mostra-nos como joga, quer dizer, no momento do diagnóstico que chamamos "hora de jogo".

Sabemos que se tomássemos, no tratamento, a atitude que propiciamos para a hora de jogo diagnóstica, não poderíamos intervir terapeuticamente. Além disso, não devemos esquecer que nesse momento (quando a criança responde a uma ordem nossa para que brinque) não está jogando, mas principalmente mostrando como pode jogar. Por isso, um dos parâmetros de observação da hora de jogo psicopedagógica vai ser o mostrar-ocultar-esconder.

Em geral, a psicanálise infantil de origem kleiniana centra-se no jogo, tomando-o, porém, como um processo defensivo e como um possibilitador de elaboração de situações traumáticas, sem considerá-lo quanto às possibilidades criativas, de aprendizagem, de identidade e de domínio. Winnicott vai ensinar-nos também como a criança joga, para expressar agressão, para adquirir experiência, para controlar ansiedade, para estabelecer contatos sociais como integração da personalidade e por prazer.

É "no jogo que a criança relaciona as ideias com a função corporal."[3] "A agressão pode ser prazerosa, mas inevitavelmente conduz consigo um dano real ou imaginário contra alguém, de modo que a criança não pode deixar de enfrentar essa complicação... enfrenta-a desde a origem, quando aceita a disciplina de expressar o sentimento agressivo sob a forma de jogo e não simplesmente quando está aborrecida." "Um bom ambiente deve ser capaz de tolerar os sentimentos agressivos, sempre e quando a criança os expresse, de forma mais ou menos aceitável." "Deve aceitar que a agressão está na configuração da criança, e esta sente-se desonesta se o que existe lhe é ocultado e negado."[4]

Hora de jogo psicopedagógica

Utilizamos a hora de jogo (que nós temos pautado quanto à ordem, tipo de caixa e tipo de objetos) para compreender alguns processos que podem ter levado à gestação de uma patologia no aprender, já que:

- O espaço de aprendizagem e o espaço de jogar são coincidentes.

---
[3] D.H. Winnicott, *El nino y el mundo externo*.
[4] Idem.

- Ambos os processos têm momentos analogizáveis (inventário – organização – integração).
- A modalidade desenvolvida no jogo e o tipo de tratamento do objeto lançam luz sobre a cena de aprendizagem.
- O brincar possibilita o desenvolvimento das significações de aprender. O que no adulto aparece no motivo de consulta (a demanda, as fantasias de enfermidade e cura), principalmente na linguagem verbal, na criança expressa-se pela linguagem lúdica. Tanto uma linguagem como a outra, mostram e escondem, guardam e ocultam. Levando em conta o anterior, no momento individual da criança com o psicopedagogo do DIFAJ, perguntamos novamente (mas agora a ela só), se sabe por que veio ("motivo de consulta ao paciente"), e logo damos a ordem da hora de brinquedo.

Estabelecemos a hora de brinquedo psicopedagógico no primeiro momento do DIFAJ, antes da primeira reflexão interdisciplinar. Deste modo, podemos ter uma aproximação do tipo de inter-relação inteligência-desejo-corporeidade, a partir da qual decidiremos a necessidade ou não de observar outros aspectos mais parcializados. A hora de jogo psicopedagógica supera a dicotomia testes projetivos-testes de inteligência e, principalmente, ajuda a observar, em seu operar, aqueles aspectos que tradicionalmente foram estudados de forma isolada e somente em seus produtos (através dos testes de performance, de psicomotricidade, de maturidade visomotora, de dominância lateral, etc.). A hora de jogo permite observar a dinâmica da aprendizagem.

Material

Preponderantemente não figurativo. Só eventualmente pode-se incluir miniaturas de personagens e animais, quando a criança tem menos de quatro anos.

Colocamos dentro de uma caixa, com tampa separável, elementos com as seguintes características: para desenhar, para recortar, para pegar, para costurar, para olhar, para ler, para escrever, para guardar (caixinhas de diferentes tamanhos que possam ser colocadas umas dentro das outras, por exemplo), para modelar, para juntar... Dentro do possível, tratamos de incluir vários elementos diferentes que possam servir para uma mesma ação: assim, colocaremos, por exemplo, cola plástica, fita adesiva, percevejos, alfinetes, ganchinhos, que possibilitem o desdobramento, se a criança assim o quiser, de diferentes formas de unir, e, além disso, para que o instrumento em si não condicione a forma de juntar. Na análise, vamos nos deter nas ações desenvolvidas, mas também na maneira de desenvolvê-las.

Colocaremos, por exemplo, em uma caixa: papéis brancos, folhas de caderno, cartolinas coloridas, cartões, alguma revista infantil ou livro com figuras e texto escrito, blocos de construção (se pertencerem a um jogo didático do tipo de bloquinhos de construção, podemos colocar também a folha com os modelos impressos, que nos permitirá observar o grau de liberdade ou submissão à imitação), tesouras, marcadores, lápis pretos e coloridos, *crayons,* massa para modelar, barbantes, fitas, etc.

Os materiais não precisam ser novos, mas devem estar em condição de uso e ser de boa qualidade (para evitar que possam estragar quando de sua utilização pela criança).

Apresentamos a caixa fechada com sua tampa. A caixa deve estar em lugar cômodo para a manipulação. Se ela é colocada sobre uma mesa, esta deve ser suficientemente grande e baixa para permitir o cômodo deslocamento dos objetos no jogo. Preferimos colocar a caixa no chão, sobre um tapete; neste caso, o psicopedagogo senta-se também no chão, próximo da caixa.

A quem se dirige

Adotamos a hora de jogo com crianças com menos de nove anos e com mais de três, utilizando o enquadre e a metodologia de observação propostos. Para crianças menores, costuma ser interessante a hora de jogo vincular mãe-filho, a hora de jogo familiar e a hora de jogo fraterno. Também costumamos utilizar um material similar para realizar a hora de jogo com maiores de 15 anos. O púbere e o adolescente precoce, em uma situação individual, podem confundir-se se lhes propomos uma *consigna* de jogo, atividade que, segundo os níveis culturais a que pertençam, podem sentir que não corresponde à sua idade. Nesta faixa de idade, é muito rica a hora de jogo fraterno, a hora de jogo familiar e a hora de jogo de grupo com iguais.

Enquadre

A tarefa deve estar bem enquadrada para a criança e para nós. Ao colocar-se a hora de jogo no DIFAJ, é mais fácil porque a atividade já está contextualizada. A criança permanece em geral no mesmo consultório, onde já esteve com todo o grupo familiar, depois com os irmãos (quando os pais foram para outro consultório), e agora, ao saírem os irmãos, ela fica com um dos psicopedagogos no mesmo espaço já conhecido. Enquanto a criança permanecer realizando a hora de jogo, os irmãos e os pais estarão trabalhando em um consultório próximo. A criança deve estar a par destes deslocamentos e convém dar-lhe certa explicação sobre os mesmos. Se o DIFAJ está sendo coordenado por quatro "terapeutas responsáveis", no momento de finalizar a entrevista fraterna, um dos terapeutas acompanha os irmãos até o consultório dos pais, e volta logo, para trabalhar com a criança. Se estão somente dois "terapeutas responsáveis", a tendência é os irmãos saírem sozinhos. Antes de iniciar a hora de jogo, realizamos o "motivo de consulta à criança". Este momento é de suma importância para enquadrar a situação que posteriormente desenvolveremos: o pedido (impossível) de que jogue sozinho diante de um estranho. Trataremos de esclarecer alguns mal-entendidos que possamos haver inferido pelas palavras da criança, ou algum outro membro do grupo familiar. Por exemplo, se a irmã disse: "Viemos para que deixe de ser mau e não fique todo o dia brincando", trataremos de diferenciar nosso papel em relação ao pedido da irmã.

Ainda que convenha que a participação do terapeuta se dê a partir da não inclusão no jogo, para permitir observar neste momento em que medida os recursos simbólicos e cognitivos podem instrumentar-se no seu "estar só",[5] nas situações em que a hora de jogo esteja a cargo de dois terapeutas, um deles poderá assumir algum papel, se a criança assim o pedir. Trataremos de recriar uma situação onde "estar só, em nossa presença" permita transferir atitudes e sentimentos de sua "capacidade de estar só, em presença da mãe" (Winnicott).[6]

Se transcorridos 10 ou 15 minutos, a criança não pôde aproximar-se dos objetos, ajudamo-la a inventariar o material, perguntando-lhe, além disso, o que se poderia fazer com ele. Podemos também, em caso extremo de inibição, atuar como um eu auxiliar no jogo que a criança descreva. Como disse Sara Paín, "o importante é descobrir como joga a criança e, por último, em que condições pode fazê-lo".[7]

Consigna

"Aqui está uma caixa com muitas coisas para brincares com tudo o que quiseres; enquanto isso, eu vou anotar o que vais fazendo. Um pouco antes de terminar, eu vou te avisar."

---

[5] D.H. Winnicott, *La capacidad de estar solo. De la pediatria al psicoanálisis.*
[6] D.H. Winnicott, *Realidad y juego*, Gedisa, Barcelona, 1979.
[7] Sara Paín, *Diagnóstico y tratamiento en los problemas de aprendizaje.*

Objetivos

- Possibilitar o desenvolvimento e posterior análise das significações do aprender para a criança.
- Compreender alguns dos processos que podem ter levado à instalação de alguma patologia no aprender. Observar a inter-relação inteligência-desejo-corporeidade.
- Observar o processo de construção do símbolo (mais que as projeções efetuadas sobre um objeto já determinado por seu conteúdo). Por esta razão, entregamos material não figurativo. Em síntese, observar "a aptidão da criança para criar, refletir, imaginar, fazer notar e produzir um objeto."[8]
- Observar os processos de assimilação-acomodação e seus possíveis equilíbrios, desequilíbrios e compensações.
- Analisar a modalidade de aprendizagem.
- Ver a capacidade da criança para argumentar, para construir uma história, e em que medida a cognição põe-se a serviço de organizar seu mundo simbólico.

Momentos analogizáveis entre o jogar e o aprender: inventário, organização, integração-apropriação

Conforme Sara Paín, observamos que o jogar e o aprender apresentam momentos análogos. Quando lemos um livro, no primeiro contato com ele, trataremos de saber de que se trata, observaremos o índice para saber quais são os temas, em uma olhada rápida mediremos a extensão e a densidade da temática, etc. Quer dizer, faremos um "inventário". Logo, trataremos de estabelecer relações entre os conceitos transmitidos pelo autor. Isto é, faremos uma "organização" do material. Somente num terceiro momento conseguiremos integrar essas relações e conceitos aos nossos esquemas (conhecimentos anteriores e experiências). Somente aqui poderemos apropriar-nos da experiência da leitura. Depois poderemos nos esquecer do livro e do autor, mas algo ficará enriquecendo nossa experiência. Este último momento é o da *apropriação*.

Estes três momentos acontecem em toda aprendizagem que chegou a ser tal. Se observarmos o brinquedo de uma criança, também encontraremos os três momentos.

Vamos descrevê-los agora em função da hora de jogo psicopedagógica.

---

[8] Sara Paín, ibidem.

Inventário: A criança trata de classificar, de alguma maneira, o conteúdo da caixa pela manipulação superficial dos objetos, experimentando seu funcionamento, ou por meio de uma olhada. Procurará avaliar os elementos com que conta, de maneira que estes lhe sugiram as possibilidades de ação. Aqui se manifesta a relação que a criança estabelece com os objetos e as possibilidades de antecipação, relacionadas com a capacidade de espera e de "estar sozinha". Sabemos que para que possa aprender, o sujeito deverá estar diferenciado do objeto e manter com ele uma distância necessária para que o objeto se recorte e diferencie.

Há crianças que, quando o psicopedagogo está dando a *consigna,* já estão abrindo a caixa. Há alunos que, mal o professor começa a escrever a lição no quadro-negro, já a estão iniciando, assim como há adultos que começam a estudar um texto sem ler o índice, nem os títulos.

Nós procuramos ver que tipo de inventário faz a criança com os objetos da caixa. Se os experimenta, se pega rapidamente o primeiro que encontra e o usa, se procura um objeto ou instrumento em particular em função de um projeto, ou se os objetos, sozinhos, determinam o uso.

Organização: Este momento tem a ver com a postulação de um jogo. O material começa a fazer parte de uma organização simbólica, que se realiza por comparações sucessivas e começa a desenvolver-se um argumento, para o qual se utilizam vários elementos da caixa.

Observaremos a coerência do relato jogado, a inclusão de referências verbais, a coerência do episódio argumental. No plano de aprendizagem, as dificuldades neste momento terão a ver com obstáculos para entender relações, formular hipóteses, apresentar problemas e, portanto, encontrar solução.

Integração-apropriação

Tem a ver com a possibilidade de chegar a uma conclusão argumental que mostre as consequências dessa forma de relação entre objetos. Relaciona-se também com a capacidade de decisão (tem que decidir-se por um ou outro final), com a capacidade de domínio (eu decido o jogo), com a aceitação da carência (estamos chegando ao final), com o grau de tolerância ante a frustração (isto é o que eu posso fazer), com a capacidade de mostrar e portanto de guardar (isto é o que eu te mostro, mas não é todo eu o que está aqui), com as possibilidades de lembrar (levar em conta o acontecido e aceitar a perda e o lucro que se obtém ao trocá-lo com a lembrança). Em síntese, tem a ver com a possibilidade de aprender. Logicamente, uma criança que estruturou um problema de aprendizagem — sintoma ou inibição cognitiva, não poderá chegar a este terceiro momento de jogo e apresentará dificuldades em diferente grau e tipo nos dois momentos anteriores. A criança que fracassa no aprender, por razões de ordem reativa ao sistema educacional, não tem por que apresentar dificuldades na organização destes três momentos da "hora de jogo".

Metodologia para a observação da hora de jogo

A interpretação da "hora de jogo psicopedagógica" aponta para aspectos diferentes da interpretação geral simbólica analítica, já que o que nos interessa principalmente é a relação do sujeito com o conhecimento e o saber.

Freud, ao analisar o jogo do *fort-da,* proporciona um magnífico exemplo de metodologia de observação de um jogo.

Alguns recursos que podem ajudar a interpretação

Para interpretar a hora de jogo psicopedagógica, temos que apelar à atitude clínica, descrita no capítulo IX. Relatarei, de todo modo, algumas circunstâncias que, contextualizadas dentro de um enfoque analítico psicopedagógico podem tornar-se úteis, especialmente para o terapeuta com pouca experiência.

Tratarei também de fazer algumas advertências que a leitura dos registros de horas de jogo me sugere.

Um erro que encontro frequentemente na atitude do psicopedagogo que administra a hora de jogo é a precipitação. Precipitação que logo incide de tal modo que até chega a impossibilitar a interpretação do material desenvolvido pela criança, pela maneira como está contagiada pela ansiedade do psicopedagogo.

Assim, por exemplo, leio um registro:

Paciente: (abre a caixa, tira uma caixa com cubos de diferentes cores, coloca-os sobre a mesa, um após o outro, um *crayon,* uma rolha, círculos de madeira, cai um cubo, não o levanta e continua tirando da caixa, guarda a caixa que continha os cubos na caixa maior, ordena alguns elementos que haviam ficado dispersos).

Psicopedagogo: Que estás fazendo, Omar?
Paciente: Um jogo.
Psicopedagogo: Como é esse jogo?
Paciente: Não sei.
Psicopedagogo: Que é isto? (mostrando os cubos).
Paciente: Não sei.

A atitude do psicopedagogo está impedindo a constituição do espaço de jogo. A criança está, na circunstância diagnóstica, para que nós a ajudemos, não para nos ajudar a interpretá-la. Tempo de espera. Confiança. Confiança em nós e na criança. *Holding.* Por que deveria a criança contar-nos o que está fazendo? Por que não tem permissão para guardar? Com nossa não permissão para guardar, estamos obrigando-a a esconder.

Leio outro registro de uma menina de 6 anos e 10 meses:
Paula abre imediatamente a caixa. *Saca* um lápis, folhas, uma caixa com rolhas, borracha; deixa-os de lado, molda plastilina sem dar-lhe uma forma definida, deixa-a. *Saca* cola plástica, *crayons,* pergunta: o que é isto? Abre um pouquinho a caixinha de lápis; pega um bloco de anotações, guarda a folha que antes havia pego. Diz: "Vou fazer um desenho", *saca* todos os lápis. Mas detém-se novamente nos elementos da caixa, acomodando-os dentro da tampa.

Pega uma figura, pergunta o que é, ao que ela mesma responde.
Saca os lápis da caixa pequena. Pega outro elemento e diz: "O que é isto? Ganchinhos."
Volta a *sacar* as folhas. Pega os marcadores e diz: "Ah, que lindo". Empilha caixas de diferentes elementos e continua *sacando* elementos da caixa até que todos se encontram fora.
Troca os elementos de lugar.
Pega o lápis preto e faz um risco na folha do bloco que em seguida apaga. Outro esboço e apaga. Faz um círculo, mas agora com a caneta, ao querer apagar, rasga a folha. Trabalha dentro da tampa da caixa. Move constantemente todo o corpo.
Aponta o lápis (que tinha ponta) e diz: "Cai neve". Continua até conseguir uma ponta muito comprida. Com este lápis faz um círculo e deixa-o.
Esparrama as madeirinhas da caixa e diz: "Vou misturar tudo". Faz pequenas classificações conforme a cor, tamanho e forma (as classificações são espontâneas).

Guarda as madeirinhas, ficando com as rolhas em frente, mas no que parece disposição para construção, toma uma porção de rolhas e atira-as para cima. Isto faz com que se espalhem, tenta juntá-las. Primeiro, agrupa-as por cinco e depois coloca-as na caixa aos montinhos.

Paula diz: "Vou fazer uma mesinha com isto". Então pega a caixa principal, vira-a, coloca debaixo (dentro) caixas menores, nomeia algumas coisas. Vira a caixa da maneira certa e guarda os lápis.

É avisada que sobram cinco minutos. Pergunta por quê.

Guarda os outros lápis. Põe todos os elementos sobre a "mesa". Começa a moldar com plastilina sobre a mesa. Faz as vogais "e" e "i". Pergunta a hora.

Acaba-se o tempo. Pergunta: "Deixo tudo assim?". Perguntada sobre o que quer fazer, diz: "Deixar assim...".

Nunca poderemos interpretar um material descontextuado. Não tentarei interpretar, portanto, esta hora de jogo, mas somente assinalar alguns aspectos. Para observar a atitude ante o objeto de conhecimento, pode nos servir a análise da atitude da criança frente à caixa em seu conjunto e aos objetos em si (tomados como exemplo de objetos a conhecer).

Na descrição do feito pela menina, chamou-me a atenção a insistência do uso pela psicopedagoga da palavra "saca". É o verbo mais utilizado para descrever o contato da menina com os objetos. *Saca* os objetos de onde estão, troca de lugar, volta a guardar, junta, separa, atira, esconde, guarda, até por fim "deixar tudo assim", como Paula disse.

Podemos inferir que essa é sua forma para relacionar-se com o conhecimento. Não poderíamos falar de hiperassimilação, porque não se observa uma preeminência do mundo interno sobre os objetos. Talvez a chave para interpretar esta situação nos seja dada pelo fato de que a menina trabalhe grande parte da hora "dentro da tampa da caixa", e, no momento em que vira a caixa, sem se importar com os objetos que estão dentro, não existe entre a menina e o objeto de conhecimento a distância necessária para que o objeto se destaque e diferencie, e, portanto, não pode aprender, nem nos autoriza a falar de uma modalidade de aprendizagem hiperassimilativa-hipoacomodativa, que seria a que em princípio poderia inferir-se a partir de uma observação apressada.

Tratamos de correlacionar a hipótese pensada com o motivo de consulta (um aspecto que não devemos esquecer) e encontraremos que a primeira frase do pai é: "O problema da menina?" (pergunta que ele mesmo se faz e deixa aberta). "O problema da menina é, em princípio...". Deixa no ar a frase que a esposa continua: "Desde o jardim, começamos a dar-nos conta de que a menina, ah, não, não, não diz muitas palavras ou fala...". O esposo continua: "Tem dificuldades para pronunciar", e a esposa: "Porém... para dizer orações também, nos damos conta de que...". E o esposo completa: "Começou aos três, desde os três anos e meio começamos a dar-nos conta de que não pronunciava os erres, então fomos ao pediatra". "Ainda no primeiro ano", completa a esposa.

Observamos que os pais usam, para falar, a mesma modalidade que a menina para tratar os objetos: dizem parte do que querem dizer e deixam assim, não podem definir, não podem conhecer o que sucede à menina, porque não existe a distância necessária entre eles, nem para com a filha. Diz a mãe em outro momento do motivo de consulta: "Eu jamais me dei com ninguém no trem ou no coletivo e, estando com ela, tinha que falar com todo mundo; uma vez íamos no trem, e foi falando com um velhinho, de Moreno a Ramos, e o senhor me disse: "Senhora, por favor, trate de contê-la, de defendê-la, porque senão vão levá-la". E continua o pai: "Sim, sim". Mãe: "Custa-lhe tanto tudo o que é aprendizagem. Inclusive pode ser psicológico... porque, desde que começou no colégio, melhorou uma barbaridade...". Pai: "Sim, palavras que jamais havia pronunciado...". Mãe: "Inclusive perguntas". Pai: "O que não perguntava antes".

Na hora de jogo, interessa-nos observar também o tipo de atitude em relação à aprendizagem escolar, a partir de se realiza ou não tarefas que tenham a ver com a escola, ou se se contata com os elementos escolares. Parece-nos significativo o tratamento que Paula dá ao lápis, tirando uma ponta de que não necessitava e transformando as aparas em neve.

Para interpretar a hora de jogo, tentaremos descobrir a presença de alguns significantes que remetem às ideias inconscientes sobre o aprender. O que sucede em relação a guardar, ocultar, mostrar, esconder. Paula mostra, porém não nos mostra (não nos leva em conta, ainda que nos fale e pergunte). Paula guarda, tampa, junta, mas não conserva guardado (guarda as coisas na caixa e logo vira-a como se não tivesse nada). Paula não pode conter o conhecimento.

Trataremos de observar, nas horas de jogo, os seguintes aspectos que nos permitirão determinar a existência de patologias no aprender e seu significado:

- A atitude ante a aprendizagem: como se comporta ante situações em que tem que mostrar o que sabe-faz. O uso de expressões como "Eu é que sei", "Eu já sabia".

- A modalidade de aprendizagem.

- A disponibilidade corporal.

- O grau de prazer presente no jogo.
- O modo de utilização de suas possibilidades a partir do uso dos recursos presentes na caixa. Se a tesoura não funciona ou a caixinha de pincéis não abre, observar então se descobre outro sistema para cortar ou pintar, ou se nos pede ajuda para ações que poderia fazer só, ou se se dá por vencida.
- Descobrir a deter-se nas fraturas do discurso lúdico (as repetições, os cortes).
- Descobrir os esquemas de ação que se repetem (como explico no capítulo IX).
- Observar o grau de correlação entre o discurso verbal e o corporal.
- Seguir a presença de alguns significantes que remetem às ideias inconscientes sobre o aprender (ver capítulo X).
- Observar o tipo de relação com o objeto de conhecimento.
- Analisar a presença e características dos três momentos possíveis no jogar-aprender.
- Observar os processos, os mecanismos, as estratégias propostas em jogo para resolver os problemas que se lhe apresentem, já que os processos e não os resultados obtidos, são os que permitem inferir a dinâmica, a gênese, as possibilidades *atrapadas* e as disponíveis, e o acionar articulado do organismo, do corpo, da inteligência e do desejo.

"... o amontoado de dados em sua forma tradicional, o trabalho com o discurso familiar a fim de detectar tudo o que se possa sobre os mitos que determinam a posição subjetiva do presumido paciente.

... somente desde a ordem mítica, iluminados por ele, a enumeração de fatos, datas, condutas torna-se psicanaliticamente material. Sem o mito, é pura letra morta (veja o que sucede com muitos protocolos institucionais onde se amontoam coisas do tipo de 'a que idade controlou?' sem que depois se saiba o que fazer com isso)."

Ricardo Rodulfo

13

Reconstrução da história da criança através dos pais

Enquadre

Deixamos a critério da equipe, de acordo com a situação que perceba, realizar a anamnese com a mãe somente ou com ambos os pais. No caso em que se trabalhe só com a mãe, o pai permanecerá esperando com os irmãos; em geral damos uma ordem de trabalho. Se a entrevista se realiza com ambos os pais, então um dos profissionais permanecerá nela, e o outro intervirá com o grupo de irmãos. Não encontramos razões gerais que nos permitam sustentar que a anamnese deva ser feita somente com a mãe; não obstante, existem algumas situações em que é necessário dar este espaço particular à mãe, por exemplo, circunstâncias em que pela modalidade de comunicação do casal, a mulher necessite um lugar separado de seu esposo para poder recortar-se e falar sobre a primeira relação com o filho, o parto, a gravidez, etc. No momento de reflexão prévia, tratamos de pensar o que é importante perguntar e o que não é conveniente inquirir, porque ainda que às vezes seja necessário conhecermos uma série de dados referentes a determinadas situações, terapeuticamente é útil descentrar a importância já outorgada a elas, e permitir aos pais lembrar outros momentos da história.

Se a mãe se mostra lacônica, reticente ou confusa, nós a incluímos afetuosamente no relato, interessando-nos por suas próprias experiências nos momentos que se trata de recordar, por exemplo: "Quem a ajudava?" ou "Você tinha a quem confiar suas preocupações?".

Objetivos

O momento da anamnese é um convite para recobrar os níveis de satisfação sepultados pelo ressentimento da carência, e algumas experiências passadas, em um momento no qual oferecemos garantia de compreensão, como nos ensina Sara Paín.

Tratando-se do diagnóstico de problemas de aprendizagem, privilegiamos na história vital o relato de situações a partir das quais possamos obter dados sobre a modalidade de aprendizagem.

Enumeração de dados ou reconstrução da história mítica

Às vezes os interrogatórios feitos em algumas anamneses são iatrogênicos. Quando é preciso seguir a indicação de alguma planilha e perguntar até quando deu de mamar, se usou chupeta, desde e até quando, se usou mamadeira desde e até quando, etc., pode-se condicionar os pais na suspeita ou certeza de que se mencionam esses temas como causadores do sintoma. Por outro lado, a maioria das vezes estes dados supostamente verazes, conduzem pouco à possibilidade de revelar o significado do sintoma ou a modalidade de aprendizagem. Não precisamos de um acúmulo de dados indagatórios sobre todas as possíveis causas que tenham podido incidir no problema.

A nós, mais que tudo, interessa poder encontrar uma cena, uma situação, e aprofundá-la fazendo que o importante não seja o dado em si, mas o sentimento e a significação outorgada ao mesmo. Se se pergunta sobre a lactância, por exemplo, o importante não é se lhe deu o peito e até quando, mas como foi essa primeira relação, esse primeiro contato, como mamava o bebê, como se sentia a mãe dando de mamar ("O pediatra me dizia: 'teu leite é ruim, e minha mãe sempre havia dito que eu não era de bom leite'; 'Deixei de lhe dar de mamar porque o pediatra me disse que meu leite era ruim'"). O que significam estas palavras para a mãe, como as relaciona com um juízo sobre suas possibilidades de dar-ensinar coisas boas? Em um momento em que a circunstância de alimentação está formando o vínculo mãe-filho, uma autoimagem de mãe e do que o filho possa receber-aprender dela, como recebe e ressignifica uma mulher a palavra do pediatra?

Assim também com respeito às primeiras palavras, não nos leva a nada saber se começou a falar aos dois anos ou aos dois anos e dois meses. Ainda assim prestamos atenção se comentam que começou a falar aos três meses ou aos quatro anos. O que interessa é poder determinar que tipo de comunicação existia no grupo familiar, de que maneira eram recebidas as primeiras palavras, o que sentiam a mãe e o pai, por exemplo, se o que o nenê disse primeiro foi "papai", o que recordam os pais sobre esses momentos, com que sentimentos os relatam, etc.

Simplesmente à maneira de orientação sobre os fatos que possam incidir, seja na constituição de uma modalidade normal ou sintomática, ou que sua simples lembrança possa ser importante para os pais, enumerarei alguns, distribuindo-os em circunstâncias pré, peri e pós-natal.

Não é necessário completar todos estes dados no DIFAJ, já que a investigação vai continuar, iniciado o tratamento. Além do mais, sabemos que a estruturação psíquica não é coextensiva ao início formal, intra ou extrauterino da vida de uma criança; temos que ir aonde a criança não estava ainda, como disse Rodulfo.[1]

a) Circunstâncias pré-natais. Condições de gestação (alimentação e cuidado sanitário que permita o desenvolvimento do feto e o bem-estar da mãe). Enfermidades durante a gravidez e dados genético-hereditários serão pedidos somente se o pediatra ou o neurologista o considerarem necessário, ou quando se suspeita sua incidência na problemática de aprendizagem. Expectativas do casal (como casal e separadamente) e da família.

b) Circunstâncias perinatais. Momentos prévios ao parto. Grau de informação sobre o mesmo. Grau de antecipação. Possibilidade de registro dos sinais corporais durante a gravidez e anterior ao parto, etc.

Comentário de uma mãe em um grupo. Sobre o sofrimento fetal, cianose, placenta prévia, circular do cordão umbilical, emprego de práticas como fórceps e postergação de cesária, incompatibilidade RH, somente se perguntará quando forem observadas dificuldades na adequação perceptivo-motora, ou quando os médicos participantes do DIFAJ o considerarem necessário, no momento de reflexão prévia.

c) Circunstâncias neonatais. Níveis de adaptação da família ao bebê. Capacidade para a leitura de suas necessidades. Suponhamos que um bebê chora de frio e necessita de calor materno; se a mãe tira-o da cama, agasalha-o e dá-lhe seu calor, a criança sentirá satisfeita sua necessidade e atendida sua demanda, estabelecer-se-á um bom diálogo, e, ao mesmo tempo, a mãe mostrará ser uma boa *aprendente* das necessidades de seu filho. O bebê começará, do ponto de vista da aprendizagem, a formar um modelo que leve

---

[1] Marisa e Rodolfo Rodulfo, *Clínica psicoanalítica,* Lugar Editorial, Buenos Aires, 1986.

em conta a eficácia de suas possibilidades expressivas, já que ele pôde articular uma demanda (chorar a partir de uma necessidade), e esta demanda foi decodificada por sua mãe e pôde atender sua necessidade.

Se, ao contrário, quando o bebê chora, sua mãe o deixa chorar porque acredita que chora de fome e, atendo-se a um regime rígido, considera que ainda não é hora de pegá-lo, a criança aprenderá que chorar é inútil, quer dizer, que não vale a pena articular uma demanda, um pedido para que alguém satisfaça sua necessidade, desqualificando suas próprias possibilidades de ação. Se a este bebê que chora de frio a mãe dá, automaticamente, de comer, sem deter-se em decodificar o significado da demanda, a criança será reconfortada em algo que não necessitava, deixará de chorar, talvez, mas aprenderá a pedir objetos secundários às suas reais necessidades. Todos estes modelos irão se formando como modalidade de aprendizagem e serão observados em condutas posteriores da criança e do adulto. Por exemplo, existe quem se resigne ante a ineficácia de sua ação, inibindo suas possibilidades; quem atua somente ante o prêmio do afeto, da fama ou do dinheiro; o que aprende repetindo, sem possibilidade de criar, ou o que pode realmente aprender.

Cenas paradigmáticas do aprender

Existem três situações que podem ser consideradas paradigmáticas: uma principalmente quanto aos processos de assimilação, outra quanto aos predominantemente acomodativos em relação à aprendizagem, e uma que destaca a triangulação inerente a toda aprendizagem.

A latência é a primeira delas, o primeiro ato em que o alimentar-se vai depender também de uma ação realizada pela criança (diferente da alimentação fetal) e de uma ação onde intervém o outro. Também será importante o processo posterior de acomodação à comida sólida, o uso da colher, a possibilidade que os pais dão ao bebê de usar suas próprias mãos para levar objetos à boca, o temor às infecções concomitantes ao levar um objeto à boca para conhecê-lo, etc.

A outra situação paradigmática a que me refiro é a circunstância do controle dos esfíncteres. Como foi realizada essa aprendizagem e como se situou a mãe ou o pai (ou quem tenha sido) como *ensinante* nesse momento. Para as mães, este é um dos primeiros momentos em que se põe à prova frente aos outros (seus próprios pais, os amigos, o pediatra) como *ensinante*. Os comentários sobre como se realizou este ensino nos permitirão obter conclusões sobre as oportunidades que teve a criança para fazer uma adaptação inteligente. Perguntaremos também sobre os recursos utilizados para que a criança "pedisse" para satisfazer sua necessidade. Pedido que implica o reconhecimento dos sinais corporais de sua necessidade e a possibilidade de postergar a satisfação da mesma até que aconteçam determinadas condições, quer dizer, a possibilidade de mediatizar. Não obstante, encontramos muitos casos em que, a partir da ameaça dos pais, a criança inibe sua necessidade, chegando a não reconhecê-la, adequando-se assim às exigências paternas e realizando uma domesticação em vez de uma aprendizagem.

A circunstância da aprendizagem do andar, quer dizer, o primeiro passo, o aprender a caminhar sozinho é, do meu ponto de vista, a situação paradigmática por excelência da aprendizagem. É uma cena dramática, cujo esquema requer uma criança *aprendente,* uma mãe *ensinante* que estimula o filho a separar-se dela, e um pai *ensinante* que o chama; estes dois últimos personagens passam alternativamente a intercambiar suas funções: quem chamava afasta-se, e quem se afastava chama.

Esta matriz pode receber uma infinidade de variantes: o *aprendente* pode estar só, apoiando-se na parede, pode estar a família inteira filmando a cena, a criança pode cair imediatamente e chorar, pode seguir em frente estimulada, pode ir sempre de mão com a mãe, pode estar a mãe ansiosa correndo à frente do filho, ou displicentemente olhando para outro lado.

Em minha experiência com grupos de tratamento psicopedagógico-didático com profissionais, desenvolvi um aprofundamento desta cena a partir de técnicas dramáticas, que me permitiram confirmar a abundância de significações em relação ao aprender, que se condensam nesta cena. Personagens *ensinantes,* personagens *aprendentes,* quem ensina, em direção a quem se vai. O aprender a caminhar dá à criança a autonomia para afastar-se e aproximar-se de sua mãe, e, ao mesmo tempo, colocar-se numa posição ereta que lhe permite sentir-se semelhante aos seus semelhantes. Pode ser muito útil pedir aos pais que lembrem, e se possível dramatizem a cena, o momento em que a criança começou a caminhar só, e poder observar a recuperação do prazer presente nos pais ante uma aprendizagem que permitirá à criança ser e sentir-se dona de suas possibilidades, e a eles como participantes deste ensino.

Ocasionalmente damos importância àquelas circunstâncias que representam mudanças ligadas em geral a perdas, já que as aflições intervêm deteriorando as possibilidades de aprendizagem, ao transformar em inúteis os esforços empregados pela criança para reencontrar-se com a situação anterior. Por exemplo, se uma criança muda-se frequentemente de casa, sem que haja uma possibilidade de manter a lembrança, seja por comentários ou pela permissão para transportar objetos que sejam significativos para ela, de uma casa para outra, a criança sentirá que uma quantidade de pequenas aprendizagens que havia realizado, como, por exemplo, a distribuição dos aposentos na casa, os lugares onde viviam seus amigos, a forma de dirigir-se à escola, etc., perdem-se, apresentando-se provavelmente uma situação-base para que a criança signifique cada nova aprendizagem como substituindo uma da qual se esquece.

Para que uma situação de perda não se transforme em desencadeante de um problema de aprendizagem, deve-se dar à criança a oportunidade de integrar esse passado ao presente, por intermédio de uma participação ativa na mudança acontecida. "Isto preservará a lembrança e não transformará o esquecimento em sequela necessária da aprendizagem do novo" (Sara Paín).

Grau de aceitação e integração da criança como ser pensante no grupo familiar

Tomemos alguma circunstância relatada pelos pais e indaguemos sobre o grau de participação da criança nessa situação, por exemplo, ante uma troca de escola, pergunta-se se a criança participou na decisão, se foi consultada, se foi prevenida, se somente foi anunciado como um fato consumado. Como se inteirou dos diferentes temas sexuais, nascimento, masturbação, menstruação, etc. Grau de estimulação cultural: se os pais costumavam ou costumam ler, se compram o jornal e o leem, se escutam noticiários e os questionam, se são feitos comentários sobre os programas de televisão ou se assistem a eles em silêncio, se os pais costumam ler histórias para as crianças ou cantar-lhes canções, etc.

Também é interessante assinalar a transmissão de fantasias bizarras ou totalmente inadequadas à idade da criança (reis magos, o cuco, o ratinho). Não que o problema de aprendizagem tenha a ver com uma desinformação ou falta de informação, mas porque estaria demonstrando uma denegação da família que, esta sim, estaria relacionada com a articulação do sintoma. Quer dizer, determinar o que é que a família pretende que acredite e pense a criança, já que, de certa maneira, é o que desejam continuar acreditando (Sara Paín).

Também procuraremos precisar o que significa "a escola" para a família. Pode ser "o segundo lar", "um lugar onde as crianças estão quando nós vamos trabalhar", "se não vai à escola perde a merenda escolar", "se não aprende vai ser um joão-ninguém como eu", "quero que vá à escola para um dia poder ser médico". Também é interessante analisar as queixas que os pais fazem sobre os professores ou o ensino. "A professora somente faz brincar, não lhes exige nada", "A professora é muito exigente, trata-os como se fossem homens".

Procuramos reconstruir a história da criança a partir dos pais. Quer dizer, procuramos obter dados relativamente objetivos vinculados ao problema.

"É ingenuidade supor que chegaremos a descobrir uma situação resumindo os antecedentes subministrados por um ou dois de seus membros. Mas essa "história clínica" da situação é uma mostra da situação. O que fazemos quando confeccionamos uma história clínica não é, fundamentalmente, descobrir a história. Provemo-nos de um relato, quer dizer, do modo como uma pessoa define a situação. Esse modo de definir a situação pode ser uma parte importante da situação que nós estamos tratando de descobrir."[2]

Além do mais, sabemos que muitos dos acontecimentos relatados são falsas lembranças, lembranças encobridoras, que se baseiam na ordem do desejo, do que deveria ter sido, do que falta ao sujeito para chegar a ser. Se um acontecimento é enunciado e não transcorre no real, é porque está no lugar de uma ausência, diz Sara Paín. Os relatos de fatos estão geralmente nestas condições; do contrário, se absorvem na história do sujeito ou da família e começam a ser esquema, pois já não precisam apresentar-se como lembranças. Ou seja, que uma lembrança distintiva está sempre na ordem simbólica do que não se deu realmente e ficou ali para balizar essa ausência. Além do mais, a lembrança de um acontecimento em qualquer relato (tenha ocorrido ou não o relatado) deixa uma margem sobre o que não aconteceu. Se o que ocorreu tivesse se fundido com o que devia ocorrer, seria encaixado para tomar parte nos esquemas do sujeito ou da família, enquanto que, se perdura, não cumpriu seu ciclo, há um elo que falta, que não pode entrar na circulação dos esquemas do sujeito e da família, e sempre irrompe de maneira que não pode ser assimilado, nem ser útil aos afazeres da criança.

Da mesma maneira, se fizéssemos uma anamnese do inesquecível Funes, de Borges, não lhe daríamos seguramente a aprovação como pai, nem nos levariam a nada os efeitos diagnósticos por memorizar hora, minuto e lugar de todos os acontecimentos vividos por seu filho. Como ouvi dizer, a memória de dez computadores não poderá impedir que a memória invente, e em boa hora, para a humanidade.

---

[2] R. Laing, *El cuestionamento de la família.*

"Considero os testes somente como um meio e não como um fim. Utilizo-os em um diálogo em cujo transcurso tento desentranhar um sentido..."

Maud Mannoni

"... O prescindir destas provas não nos 'vacina automaticamente' contra erros iatrogênicos que não são inerentes ao instrumento, e menos ainda exclusivos do mesmo."

Jorge Gonçalves da Cruz

14

Os testes e a clínica[1]

Jorge Gonçalves da Cruz

A utilização de técnicas psicométricas em instituições assistenciais e educacionais, na consulta psicológica e psicopedagógica, e inclusive em investigações que pretendem situar-se à margem da prática clínica ou educacional, costuma incorrer em erros e distorções iatrogênicas que motivaram fundadas críticas com diferentes enfoques.

Assim, são validamente questionados os pressupostos ideológicos e o março teórico que em cada caso presidiram a construção das diversas provas em uso. Na minha opinião, esta crítica não pode isolar-se da dirigida à implementação dessas técnicas quando derivam na "rotulação" dos "testados" e se suprime assim a escuta ao sujeito em atenção à suposta "objetividade" e "infalibilidade" do dado quantitativo em que o teste, para esta modalidade de uso, conclui.

Tais "objetividade" e "infalibilidade" são inclusive questionáveis desde os fundamentos originais das provas psicométricas, se levamos em conta, por exemplo, que foram esboçadas para outro contexto sociocultural, e que, em muitos casos, até se utilizam para a quantificação dos parâmetros correspondentes àquela população de origem. Além do mais, não se deveria desconhecer que, pelo modo particular de tratamento estatístico, as diferentes escalas (de coeficiente intelectual, percentilar...) apresentam, em cada caso, diferente poder de discriminação, seja para as contagens centrais ou para os

---

[1] Transcrição da aula ministrada pelo licenciado Jorge Gonçalves da Cruz, no curso de pós-graduação para especialistas em problemas de aprendizagem (Hospital Posadas, 1985).

extremos da distribuição. Mas isto não invalida o instrumento, senão que apresenta a necessidade de conhecer seus limites e avançar em seu ajuste teórico e prático.

Quando vinha para cá, escutava no rádio a entrevista de um médico que era interrogado sobre as perspectivas de cura do câncer, e que respondeu com essa – digamos – "ingênua fé" na estatística, que "no ano de 1930 curava-se um paciente em cada três, atualmente um em cada dois; e, portanto, isto prova, se fizermos um gráfico, que pouco depois do ano 2000 deverão ser curados todos os casos". Erro parecido ao do "ganso indutivista" que propõe B. Russell, o qual, pelo método indutivo, e depois de 364 verificações, havia chegado à "lei universal" e por fim à "certeza" de que o granjeiro o alimentaria sempre às nove da manhã... Mas o 365º dia era véspera de Natal, e o dono da granja entrou no curral com um laço e uma faca... O pobre ganso não havia sabido perguntar pelo sentido daquela ação repetida 364 vezes. Isto nos conduz ao centro da questão que quero apresentar: a necessidade de situar as provas no contexto clínico para que aportem ao esclarecimento do sentido do sintoma e da demanda. O que antes assinalei como escuta do sujeito pode explicitar-se desde, pelo menos, duas vertentes. De uma parte, a preocupação por dar-lhe um lugar prioritário à necessidade de atender especialmente ao discurso do sujeito, procurando que se despeje um sentido no mesmo, para situar-se então em relação a tal sentido a demanda – provenha esta do entrevistado, do grupo parental, da escola, etc. Isto é necessário e faz-se possível, se entendermos que a determinação daquele discurso, que engloba a demanda, é excêntrica à consciência do sujeito que o formula.

Por outro lado, também no campo do funcionamento cognitivo, há uma corrente que postula como principal a "escuta" ao sujeito – ao sujeito epistêmico neste caso –; refiro-me à psicologia genética que surge com Jean Piaget e que elaborou o método clínico-crítico com tal objetivo.

É a partir de alguns destes questionamentos que muitos propõem a exclusão das provas psicométricas de nossa bagagem instrumental. Tal proposta até pareceria pertinente em uma primeira aproximação, quase de "sentido comum". Mas é preciso ir um pouco mais longe. A primeira contradição é que certamente o prescindir destas provas não nos "vacina automaticamente" contra erros iatrogênicos, que não são inerentes a esse instrumento, menos ainda exclusivos do mesmo. Prefiro responder-me de modo similar a Maud Mannoni – de quem não suspeitaríamos que omite a escuta ao sujeito – quando afirma: "Considero os testes somente como um meio e não como um fim. Utilizo-os em um diálogo em cujo transcurso tento desentranhar um sentido...". "Deve-se considerar os testes como ensaios (com suas possibilidades de erros) e não como textos legislativos que ordenam tal ou qual orientação." "O próprio psicanalista não está mais protegido do erro que o psicólogo, já que a pressão dos pais ou a pressão social o induzem, em alguns casos, a responder a um pedido (de orientação) que, às vezes, não se justifica, (...) O analista deve situar então a demanda de tal forma que se possa pelo menos perceber ou compreender seu aspecto ilusório."[2]

Em síntese, acho que prescindir das provas psicométricas não traz garantias contra o risco de perder de vista o sujeito para convertê-lo em objeto (de quantificação, de rotulação, de manipulação). Aquelas provas passam a ser um instrumento, utilizável ou não, na medida em que possam prestar-nos algum serviço. A escolha de um instrumento nunca é ascética, com respeito ao marco teórico e ideológico e da habilidade e adestramento de quem o emprega. Isto vale para qualquer técnica. Que precauções são necessárias? Em minha opinião há três indispensáveis: explicitar o marco conceitual quando se recorre a determinado instrumento; justificar o modo de emprego do mesmo pela coerência com aquele marco e com os objetivos a que servirá; conhecer a "ferramenta" escolhida.

Considero que as provas psicométricas proveem um variado espectro de material de utilidade na clínica, se o contextualizamos na mesma, e contribuem para esse diálogo a que alude a citação de M. Mannoni. Diálogo em que o entrevistado intervém em uma dupla vertente: como sujeito do conhecimento, sujeito epistêmico, e como sujeito do desconhecimento, desconhecimento de seu desejo, daquilo de que o esquecimento, o ato falho, o sintoma, a demanda falam.

Quanto ao sujeito epistêmico, as provas psicométricas servirão, se nesse diálogo clínico contribuem para que possamos situar o entrevistado em relação ao nível que alcançou na estruturação cognitiva, e em relação à disponibilidade efetiva das estratégias de conhecimento para as quais aquela estruturação o habilitaria nas diversas áreas de comportamentos cognitivos (figurativa, lógico-matemática, experimental) segundo as pesquisas de J. Piaget.

Compararemos esse "mapa cognitivo" com a situação escolar do entrevistado, se este for o caso. Ante a presença de determinada patologia, perguntaremos quais são as vias de compensação que o sujeito desenvolveu. Alcançaremos, se é pertinente, dados relevantes para o diagnóstico diferencial entre oligofrenia e oligotimia.

Em uma abordagem clínica, este "mapa" será útil se não obstrui, mas se abre a possibilidade de escutar o sujeito em sua singularidade, no que

---

[2] Maud Mannoni, *La primera entrevista con el psicoanalista,* Granica, Buenos Aires, 1973.

está mais além – ou mais aquém – do aspecto ilusório de sua demanda a que aludi no princípio: no lugar em que o erro, o fracasso e o sintoma falam do sujeito.

Com isto fica sintetizado o marco teórico em que inscrevo a eventual utilização das provas psicométricas na clínica, especialmente em relação aos transtornos da aprendizagem. Trata-se de um espaço percorrido que guarda paralelismos relevantes com o que se efetuou a respeito de outras modalidades técnicas e sua relação com a clínica, por exemplo, no caso de abordagens grupais: aqui também o emprego da técnica divorciou-se – pelo menos para muitos dos que a utilizamos – do marco teórico em que nasceu. Como disse na apresentação inicial, isto não nos exime de considerar a dimensão social em que o sujeito se inscreve, a qual põe limites às possibilidades e ainda à pertinência da abordagem clínica. Digo isto pensando nos casos em que o fracasso na escolarização remete ao contexto sociocultural da criança e à inadequação do modelo escolar para aquele contexto, determinando o vasto campo da oligotimia social e os transtornos reativos.

Voltando aos requisitos que enumerei como necessários para a escolha de uma técnica, e dado que hoje me referi ao primeiro (o marco conceitual), na próxima vez começaremos a considerar o segundo, quer dizer, a concordância da técnica com esse marco e com os objetivos para os quais recorremos a ela. Começaremos a trabalhar num teste que – como Sara Paín – considero que aponta à adequação (e não à simples maturidade) visomotora, o teste de Bender.

Teste de Bender

Uma das múltiplas formas de começar a falar do teste de Bender é imaginá-lo desde o sujeito que desenha, coisa que não parece tão simples de abordar, como uma primeira aproximação poderia chegar a sugerir. O que desenha, o que representa essa folha em branco, o que percebe dos modelos que lhe damos, que relação há entre o perceber e o comportamento de reprodução, de cópia, de representação gráfica que obtemos. A primeira coisa que gostaria de destacar em relação a isto é que enquanto desenha há expressão simbólica: não podemos distinguir com nitidez onde há comportamento expressivo e onde não. Já mostramos que o processo de construção da inteligência é paralelo à subjetivação, que inclui a construção do corpo, do corpo em sentido simbólico. Fica claro que tudo está presente quando uma criança começa a fazer os desenhos de Bender.

A Inteligência Aprisionada **195**

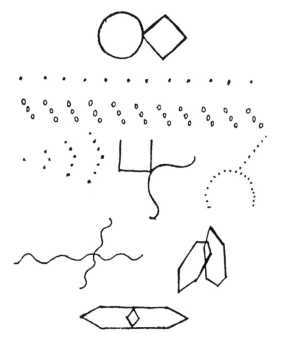

Figuras do Teste de Bender

Desde o início, há uma equação fundamental que se estabelece entre o corpo em sentido simbólico e o espaço. Sabemos que partimos de uma indiferenciação inicial, onde nem sequer poderíamos falar de uma relação fundamental entre o bebê e a mãe, se é que por isso entendemos que há dois sujeitos, pois ainda não há. Então, o espaço que se cria entre eles e o espaço desse bebê pouco têm a ver com o espaço da geometria ou da física. Estamos em um espaço simbólico onde nem sequer está claro o que é dentro ou fora. Da mesma maneira que em um tratamento, o consultório não é nem dentro nem fora. Também para um claustrofóbico, um elevador em movimento não é uma caixa metálica somente, é outro espaço.

Isso quer dizer que, quando fazemos uma primeira leitura de Bender, na realidade, o que primeiro temos que tratar de receber dali é certa mensagem que tem a ver com como está constituído o corpo dessa criança em um certo espaço. Nesse caso, há certa homologia entre o espaço gráfico e o espaço simbólico, no qual esse sujeito se move, se maneja ou se significa. Nesse Bender temos que tratar de ver que ali há um sujeito que desenha, que, de alguma maneira, construiu um corpo e um espaço, os quais vão estar representados, simbolizados nessa folha de papel e nesses desenhos que apareçam aí. Isto vale tanto para a criança que possa chegar a ter alguma problemática orgânica como para a que não tem. Isto é importante, porque quando se usam para a análise de Bender os indicadores que nos dá Koppitz, aí se faz um recorte ou uma divisão, que desde este ponto de vista é arbitrária, entre o que tem a ver com o emocional e o lesional. O recorte é arbitrário porque a criança eventualmente lesionada também é um sujeito e tem psiquismo, e vai fazer também uma projeção de si mesma, do emocional, de sua fantasmática.

Bender fundamenta seu teste em um determinado tipo de ideia que vem da *Gestalt*, e o faz pondo o foco, o acento na percepção. Há um mérito que temos que considerar fundamental em Lauretta Bender, e é ter posto na mesa o caráter evolutivo das possibilidades de representação gráfica. A avaliação que ela propõe tem a ver com pautas estatisticamente esperáveis para diferentes idades. Essas leis da *Gestalt* que fundamentam a organização do campo perceptivo não vão ser desenvolvidas agora, pois são conhecidas. De saída têm o defeito de uma visão estrutural mas agenética do que é a percepção. Descrevem-nos como se organiza o campo perceptivo em um dado momento, porém não nos dizem nada sobre qual é a gênese desses comportamentos perceptivos, nem que correlação guardam com a gênese da inteligência.

Seguindo a lógica deste ponto de partida, para Bender a explicação das diferenças nas diversas idades, ou em diferentes sujeitos na execução das figuras, terá a ver não com o momento de perceber as figuras, visto que há uma organização instantânea regida por uma legalidade uniforme para todos os sujeitos, mas com que realizar o desenho, implica um segundo momento de análise que estaria submetido às vicissitudes da maturidade neuromotora.

Deste ponto de vista, o Bender serviria para avaliar o grau de maturidade visomotora. Para nós não é exatamente assim, porque dizemos que para a percepção há também um processo de gênese e de construção, porém, além disso, organizar a reprodução do percebido implica comportamentos que estão regidos por uma legalidade que não é a legalidade da percepção, mas que é a legalidade da ação. Se alguém observa o comportamento de um sujeito que percebe, verá que há constantes movimentos que têm a ver com a reprodução, e que, em um esquema mais primário, seria um esquema sensório-motor de percorrer sobre o perímetro dessa figura que aqui alcançou um primeiro grau de interiorização suficiente, para que o movimento mesmo do percorrer tenha se convertido em algo mais interiorizado e fique restrito ao olhar.

Porém, à parte isto, o que é que a visão oferece ao bebê? Oferece-lhe algo assim como uma série constante de fotogramas: seria como ver o filme não projetado, mas cada um dos quadros, das fotos, onde há uma troca constante das posições, dos objetos, sujeitos, etc., onde também o observador está em constante movimento. No caso do bebê, muitas vezes esses movimentos ou translações não dependem dele, mas da pessoa que o leva nos braços de um lado a outro. E então estes dados seriam uma sucessão caótica desses quadros que, além do mais, se superpõem com uma sucessão simultânea de outros quadros que lhe vêm por outras vias sensoriais que não temos que supor que estejam integrados em um espaço e um tempo únicos. O espaço olfativo, o espaço táctil, o espaço auditivo, o espaço visual, etc., para o bebê, indubitavelmente são diferentes espaços que, através de um processo, começam minimamente a coordenar-se e então surgirão comportamentos como coordenação entre a visão e a apreensão ou auditiva ou visual: escutar a voz da mãe e voltar-se para vê-la.

Então o que é que organiza certa estabilidade nestes quadros móveis? O que é que faz que, através de múltiplas percepções, em todo caso em que sempre são perspectivas diferentes do objeto, alguém consiga certa unificação que dê unidade e permanência a esse objeto? Sem dúvida, é algo que vai além do que provê a própria percepção. É algo que tem a ver com certa esquematização das ações que vão se interiorizando, isto é, com o processo de estruturação da inteligência, não da percepção.

Aos 8 ou 9 meses, a criança alcança a noção de objeto permanente: então, para o bebê, o objeto não se dissipa, não desaparece se o tiramos de seu campo visual; vai ter condutas de busca através de pantalhas, etc. Fez todo um processo cognitivo para chegar a essa certeza de que o objeto existe. É um processo que se dá em um campo eminentemente prático e sensório-motor. Não é o único tipo de esquematização que alcança este pequenino. Depois de um ano, por exemplo, se está jogando bola em um canto e a bola vai para outro, defronte do primeiro, todos esperamos que vá diretamente ali, em diagonal, e ninguém esperaria que fizesse um trajeto que consista em beirar primeiro uma parede e depois outra.

Gráfico 1 Gráfico 2

Quer dizer, do ponto de vista prático de seus deslocamentos, esta criança "sabe" o que é a diagonal, o que é o percurso mais curto entre dois pontos; não obstante, isto que pode fazer no segundo ano vai lhe custar quatro ou cinco anos mais para poder fazê-lo em uma folha de papel. Se dissermos a esta criança que trate de pôr uma série de pontos para unir obliquamente dois pontos dados por nós, e que o faça percorrendo o caminho mais curto possível, até os 4 ou 5 anos tratará de fazer o caminho de perto a perto, tratando de antecipar devagar as mudanças de direção, resultando numa curva (ver gráfico 1).

Agora, poder levá-lo ao plano gráfico também é uma construção que implica um ganho de estruturação muito importante que requer todo um processo de interiorização que se inicia na representação gráfica, a partir da instalação do conjunto dos comportamentos que fazem a função semiótica.

Este tipo de compreensão do que sucede quando uma criança grafica é o que nos permite tratar de fazer uma interpretação genética, quer dizer, da gênese dos comportamentos requeridos para organizar a reprodução gráfica, que é o que primeiro nos interessa fazer com respeito ao que Bender pôde definir estatisticamente como comportamentos normais esperáveis em diferentes idades.

Agora vamos tratar de pensar em alguns eixos gerais de interpretação genética.

Figura A

Uma criança até os 4 anos faz primeiro dois círculos porque para ela ainda não existe a possibilidade de descentrar-se em duas direções: horizontal e vertical. Os contornos de ambas as figuras estão assimilados a um mesmo esquema sensório-motor de percurso circular ao redor da figura. Ainda que seja certo que não tem noção de número, em um nível intuitivo que tem a ver com o sensório-motor, aí sim, há uma discriminação de dualidade. Desde o topológico é capaz de diferenciar figuras fechadas das abertas, pelo que vai tender a fazer dois círculos mais ou menos fechados:

O poder antecipar a necessidade de uma síntese por tangência entre ambas as figuras supõe um comportamento reversível, operatório. Então, em idades anteriores aos 6 ou 7 anos, pode dar-se ao acaso, mas não se pode fazer sistematicamente. A criança que tem ao redor de 5 anos encontra-se no segundo nível do que seria o período intuitivo, nível de regulações por descentração. Ou seja, é a criança que alcança certa pré-conservação da substância, é a criança que com a plastilina pode dar certas respostas reguladoras, onde pode dizer que "é mais longa porém mais finita, e a outra é ao contrário". Há uma certa descentração não instantânea e, portanto, não reversível, não operatória, nessas duas variáveis (largo e alto) que permitem aproximar-se de uma resposta. Essa mesma criança é que vai poder executar um círculo e um quadrado: descentração em duas direções. Mas ainda não é capaz de levar em conta a posição relativa que precisa ter: quadrado "posto de ponta".

No ano seguinte, começa certa aproximação intuitiva à rotação desse quadrado, começa a construção da noção de obliquidade, e então podemos esperar que haja um círculo e um quadrado que tende a "pôr-se de ponta" ainda que com certas deformações. Pode haver certa tentativa de síntese, e quais podem ser as deformnações esperáveis? Ainda não pode antecipar muito bem as distâncias e então pode chegar a acontecer que tem que alongar um dos ângulos para que se toquem as figuras. Podemos encontrar ângulos sobreagregados.

Ao redor dos 7 anos, pode fazer o desenho de forma mais ou menos adequada. Ainda ficam pendentes conseguir a proporcionalidade interna,

                2 lados foram   ângulo sobreposto
                alargados para   para conseguir
                conseguir síntese   síntese

quer dizer, entre ambas as subformas (uma pode ser muito maior que a outra), e ainda vai ser um alcance mais tardio, aos 10-11 anos, o ajuste de proporções com o modelo do cartão.

Figura 1: ....

Uma série de 12 pontos que estão dispostos em pares; os intervalos que os separam são alternantes, desiguais, com uma diferença liminar entre eles, bastante difícil de discriminar, que determina que tampouco em adultos se leve em conta para a reprodução. Em geral, é provável que o levem em conta os adolescentes, desde o segundo período de operatoriedade concreta, preocupados com a proporcionalidade, a simetria, etc.

Inicialmente aparece um salpicado de pontos representados como pequenos círculos que também não seguem um esquema de linearidade. Aqui apresenta-se um problema que constitui uma variável importante: conseguir a representação do ponto como elemento pontual, o que chamamos de ponto conceitual. Se pedimos a uma criança de 4 anos que desenhe dentro de um quadrado, outro, o menor que possa, ela, mesmo não tendo construídos os comportamentos de seriação, vai fazer simplesmente um quadrado incluído:

Da mesma maneira, pode acontecer que faça algo assim:

para representar a figura 1: um "salpicado de pontos". Isto está assimilado a um esquema sensório-motor do picado (como se usa no jardim).

Representação do ponto: inicialmente vai ser assimilado a um esquema circular de percurso perimetral ao redor desse elemento. Então fará círculos que progressivamente irão reduzindo de tamanho. Um pouco depois, quando aparece a descentração de que falamos, também pode fazer aqui uma descentração entre contorno e superfície, e então tratará de converter os círculos em pontos, para o que ao perímetro agregará um recheio (um pequeno círculo "disfarçado" de ponto).

Aqui a descentralização é entre um perímetro e uma superfície, porque percebe algo sólido, não penetrável, não definido somente por um contorno, mas há um contorno, que por não ser penetrável, não pode ter um vazio no meio.

Esses pontos cheios vão se reduzindo de tamanho até se transformarem em ponto conceitual. O ponto conceitual do ponto de vista operatório basicamente implica ter adquirido o comportamento reversível de seriação, que significa poder distinguir o menor possível da série de pontos (ou o menor quadrado possível no exemplo que demos antes).

Como a figura 1 tem uns pontos bastante grandes, que são correspondentes à marca que deixa o lápis, é esperável que a criança e o adulto tentem aumentar o sinal, o que não nos pode fazer pensar que não há ponto conceitual. A figura 1 apresenta-nos o problema da evolução do conceito de ponto. Além disso, permite visualizar os comportamentos de quantificação. A conduta esperada inicialmente é um salpicado ou conjunto de círculos, que depois começa a fazer-se linear, respeitando a horizontalidade.

No princípio, a criança vai tender a ocupar uma quantidade de espaço similar à que percebe no modelo. A preocupação não vai ser o número, mas a quantidade de espaço que ocupa, o que é perfeitamente compreensível se levarmos em conta a gênese da noção de número. Quando apresentamos a uma criança uma série de fichas, e construímos depois, termo a termo, outra série igual, ainda sem ter noção de número, vai dizer que há o mesmo em ambas. Porém, se na frente de sua vista separamos um pouco mais uma das séries, dirá que há mais na mais comprida. Quer dizer, está assimilando quantidade a espaço que ocupa, e é o mesmo que faz na figura 1, quando trata de respeitar a extensão do modelo.

Em alguns casos, pode acontecer que tome como referência as bordas do cartão para determinar a extensão aproximada do modelo, com o qual podemos esperar que chegue de margem a margem da folha de protocolo, e não necessariamente vamos interpretá-lo como um comportamento estereotipado ou perseverativo, mas que está tratando de representar, segundo sua maneira de perceber, essa série de pontos dentro da folha.

Veremos agora como comportamentos posteriores a este permitem-nos visualizar o que está acontecendo com a noção de número. Tenta-se respeitar o número de pontos que há no modelo por um mecanismo regulativo. Quer dizer, não contar a série de pontos e dizer: "há 12, faço 12", mas, por exemplo, colocar o dedo em um por um, ou fazer uma recontagem desde o ponto de partida, o qual, levado ao extremo, seria o que fazia uma criança que dizia: "1" e colocava 1; "1-2", e colocava 2, e assim até terminar. Fazia a recontagem desde o ponto de partida para tratar de representar a série. É um comportamento totalmente esperável até os 5-6 anos aproximadamente. O mesmo fazia a filha de Piaget para pôr a mesa: levava um prato, um garfo e uma faca, e voltava para buscar outro prato, outro garfo e outra faca, e assim até completar os quatro conjuntos. Quando havia uma visita, tinha que começar tudo de novo, ainda que tivesse aprendido que tinha que levar os quatro conjuntos ao mesmo tempo.

Adquirida a noção de número, tudo de que necessita a criança é contar a série de pontos e limitar-se a reproduzi-la. Certo controle posterior (voltar a contar) é esperável e não indica um comportamento obsessivo.

Já mencionei que o relacionado com a consideração do intervalo que separa os pontos – e então pode-se estabelecer não somente o número, mas também o tamanho adequado do modelo – só é esperável em adolescentes, e a discriminação da alternância nos intervalos nem sequer acontece em todos os casos.

Figura 2

Podemos observar vetores de análises muito semelhantes aos da figura 1. Encontramos comportamentos de quantificação que são dificultados pelo fato de que é preciso efetuar certa multiplicação intuitiva. Alguém deve ter em conta que se tratam de 11 fileiras de 3 círculos cada uma. Obviamente dificulta-se a produção se não existe este comportamento multiplicativo e precisa contar-se cada um dos 33 pontos. Também é preciso respeitar intervalo e se acrescenta a disposição oblíqua. Esta última nos leva ao que lhes havia dito, como unir em uma linha dois pontos mediante a diagonal em uma folha.

O comportamento inicial é fazê-lo verticalmente. Transição para a obliquidade: a criança é capaz de tomar como referência de coordenadas ortogonais as bordas da folha, e então faz a primeira oblíqua, mas continuando põe as demais verticais:

"Porque estão direitas em relação à da primeira fileira". Outra possibilidade é que o propósito de conservar a obliquidade perca a horizontalidade, e então sobe:

Isto começa entre os 6 e 7 anos.

Figura 3

Apresenta um problema novo, que é a construção de ângulos com elementos pontuais. Também podemos analisar a aquisição do ponto conceitual. O novo que podemos ver é como consegue o ângulo e que conservação há do número. Quer dizer, a uma criança que respeita o número na figura 1 fica mais difícil respeitá-lo aqui, porque está tratando de respeitar a angularidade, ou ao inverso. Nesta transição, é esperável que consiga certa angulação, que obtenha o ângulo feito por 3 pontos e depois transforme em arcos os seguintes:

O que podemos esperar de uma criança, entre 5 e 6 anos, é que haja uma certa progressão no número de pontos que utiliza para representar esses arcos, que ainda não são ângulos, porém, não pode repetir a quantidade do modelo. O fato de que haja simetria – intervalos adequados e configuração adequada dos ângulos – consegue-se mais tarde, pelos 11 anos, de forma "perfeita".

Participante: O que acontece quando conseguiu o ponto na 1, e na 3 volta a fazer círculos?
Resposta: As possibilidades de entendê-lo são diversas: uma teria a ver com uma perseverança com o modelo anterior (a figura 2). Outra é que, preocupado pelos problemas novos que a figura apresenta (ângulos), haja uma perda daquilo que sabia fazer que era o ponto. Não seria uma dificuldade perceptiva, mas que se deve a uma dificuldade nova, para conseguir a angulação. Mostra a labilidade de certos alcances ainda não consolidados.

Figura 4

Assim como a figura A era relacionada a um esquema de dualidade de figuras fechadas, ambas reproduzidas em forma de círculos, a 4 vai ser relacionada a uma dualidade de figuras abertas. Aos 4 anos, não esperamos que faça isto

mas sim que desenhe

A partir daqui, a evolução que vem a seguir é muito semelhante à da figura A, com a presença de um elemento novo, interessante para analisar, que é a onda. Quer dizer, a volta dupla que está implicada neste desenho:

Sobre a onda, vou falar quando olharmos a figura 6, mas o que dissermos neste momento valerá para a 4. O demais que tem a ver com a obtenção da tangência, etc., é similar ao da figura A, com o acréscimo de que uma vez obtida a tangência, ainda fica por resolver o problema de que se dê no vértice adequado e que permita conservar a simetria geral da figura. Ou seja, que o eixo da onda seja a continuação da diagonal do quadrado. Isto obviamente é posterior. Primeiro esperamos uma tangência em algum lugar próximo a esse vértice.

Figura 5

Com o que se pode assimilar do ponto de vista da sensoriomotricidade? Com uma subforma circular aberta, e há um elemento retilíneo. Inicialmente esperamos algo assim:

ou o mesmo feito com círculos:

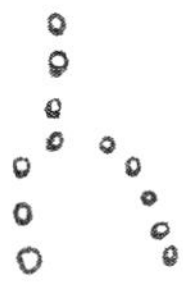

Pode haver certo alcance intuitivo de obliquidade e, então, em vez de vertical, aparece algo assim:

que está excessivamente "caído" em relação ao modelo.

Aqui também pode haver perda do ponto conceitual que a criança havia conseguido na figura 1, e o problema de conservar o número de pontos faz-se muito mais difícil, porque é necessário regular uma quantidade de intervalos que são muito reduzidos. Se a criança conserva o número de pontos, usualmente produz-se uma deformação grande da figura. Em geral, sacrifica-se o número de pontos em benefício da *Gestalt* que tem que representar.

Figura 6

Os movimentos utilizados para percorrer esta figura são assimilados a esquemas de dualidade e linearidade. As linhas não são percebidas necessariamente como interseccionadas, e então pode acontecer algo assim:

Uma criança de 4 anos pode fazer duas linhas paralelas. Depois, teremos algo semelhante a isto:

Eixos de análises da figura 6: execução da onda, quantificação, obliquidade. A quantificação e a obliquidade, obviamente, são postas em relação com o que dissemos das anteriores. O que interessa ver é a execução da onda. É um dos dados mais interessantes em relação a alguma forma de organicidade. O que é que implica executar corretamente a onda? Uma harmonia e uma distribuição constante de energia que tem que estar muito bem regulada para que haja realmente um giro duplo e não retenções para mudar a direção. É muito mais fácil regular a quantidade de energia e antecipar então a finalização dos movimentos, se fazemos isto:

e depois isto:

do que se fazemos algo que implica continuidade e onde, além disso, a cada instante se necessite de uma leve mudança de direção. Isto permite visualizar todas as dificuldades relacionadas com o ritmo. Além de organicamente ter algum valor do ponto de vista neurológico, ali fica evidente que há dificuldades ou não, do ponto de vista do ritmo do grafismo.

Participante: O conceito de disritmia é muito discutido por nós, não tem a ver com isto, é um registro eletroencefalográfico. Teria a ver com os ritmos, mas são outros ritmos, os ritmos do cérebro, e aqui falamos dos ritmos do grafismo.

Resposta: Alguém pode perguntar-se se estes ritmos cerebrais teriam alguma incidência na possibilidade de regular, de antecipar a quantidade de energia que alguém deve utilizar para o traçado. Mas isto não tem a ver com o conceito de disritmia que usualmente se utiliza.

Gênese possível para a conquista desta onda de dupla volta: a partir do esquema retilíneo que lhes mostrei, pode haver certa execução de ondas aplainadas e *a posteriori* os comportamentos esperáveis são

(em "m") ou em "u",

onde está conservada uma das direções possíveis dessa dupla volta. Depois disto, pode-se esperar que a criança tente representar o outro momento de duplo giro, e então surge como transição do "r", onde o segundo giro transformou-se numa reta:

No meio, pode aparecer uma tendência a utilizar o retilíneo:

Ao contrário, representa uma pauta inesperada e pode chegar a indicar organicidade, se o anterior está substituído por ondas em serrote:

Por volta dos 6 anos, esperamos as ondas em "m", aos 7 anos em "r", e entre os 8 e os 9, ondas de duplo giro.

Na figura 4, onde se representavam somente 3 giros, pode acontecer em um momento de transição que uma criança que aqui ainda faz o "m", desenhe a curva e depois acrescente dois "ganchinhos":

Tudo isto guarda muita relação com as leis de *Gestalt* quanto à percepção. Nós não o negamos, não esperaríamos que uma criança, para fazer a figura 4, desenhasse isto:

ou para a figura A, isto:

Vamos nos deparar com certas patologias que têm a ver com a dificuldade de organizar o campo perceptivo, porque a criança vai desenhar figuras deste tipo. Por exemplo, a figura 4 vai ficar reduzida a

onde há uma destruição do padrão gráfico gestáltico.

Participante: Igual a quando a inverte?

Resposta: Os casos de rotações ou inversões geralmente nos remetem a problemas de lateralização. Mas não somente a isso, pelo que eu lhes disse que representa o graficar, como uma projeção do espaço e do corpo simbolizados.

Figuras 7 e 8

Por razões de organização do campo gestáltico, não esperamos que o sujeito perceba que são elementos idênticos colocados de maneira diferente.
Estas duas subformas

são as mesmas que estas:

Ainda que, obviamente, na figura 7 sejam assimiladas do ponto de vista sensório-motor a um esquema de dualidade, de duas subformas que inicialmente serão representadas por dois círculos ou dois círculos alongados, enquanto que na 8 o que predomina é a inclusão de uma subforma dentro de outra, e toda a evolução vai girar ao redor disto:

Vetores de análise destas figuras: angulação e obliquidade. Entende-se quais são em geral os eixos ou padrões para realizar a análise psicogenética das execuções? Vamos ver agora as pautas mais importantes que nos façam pensar em termos de patologia. Já antecipei uma crítica à proposta de Koppitz de fazer uma discriminação taxativa entre indicadores emocionais e indicadores de organicidade. A isto teríamos que anexar a própria autocrítica de Koppitz. Ela esteve aqui há aproximadamente cinco anos, dando um seminário sobre Bender; então explicava que tinha havido erros muito importantes de amostragem e que então o que havia tomado como indicadores de lesão cerebral havia comprovado *a posteriori* que, na amostra, incluíam-se, em muitos casos, crianças normais. Disto, a conclusão tirada era que era preciso chamá-los, em vez de "indicadores", "indicadores presumivelmente significativos", quer dizer, pinçar tudo com muito cuidado.

Não obstante, há coincidência entre algumas coisas assinaladas por Koppitz e as que nos dá a experiência, e algumas que Sara Paín indica na última parte do capítulo sobre Bender em *Psicometria genética*. Sugiro que o leiam, e ali irão encontrar algo paradoxal: estão assinaladas ou descritas pautas patológicas, mas, em linhas gerais, não estão vinculadas a um quadro preciso. Acredito que isso seja correto porque não podemos supor que vamos poder vinculá-lo a um quadro. Quando muito poderemos dar uma descrição muito genérica para ver dentro de que quadros poder-se-iam escrever determinadas produções, sobretudo quando as pautas são muito grosseiras.

Poderíamos assinalar que quando encontramos a presença de confabulações, de uma elaboração delirante das figuras, com agregados ao desenho pertinente, é provável que estejamos diante de uma psicose.

Vou mostrar o que quer dizer elaboração delirante com um exemplo. Um garoto psicótico de 9 anos: a figura 1 é um verme e a 2 uma cobra.

FIG. 1    FIG. 2

Era um menino que não tinha escolaridade e com um campo familiar psicotizante. É interessante ver como a produção delirante tem sempre uma finalidade restitutiva, curativa. O menino que fez estas figuras estava corporalmente significado por sua família como uma criança com grandes problemas locomotores. Seu problema "não passava por seu psiquismo" senão como "doente das pernas", e isto tinha suas consequências. Não podia caminhar, razão pela qual haviam feito toda uma série de estudos e tratamentos cinesiológicos. De fato, era um menino a quem, se não levavam em braços para um coletivo, subia gatinhando ou arrastando-se como um verme ou uma cobra. A mãe dizia que não o havia mandado para o colégio porque, se no recreio o derrubassem, não poderia levantar-se. O menino também estava totalmente convencido disto.

Digo que o delírio é restitutivo no sentido de que tenta fazer certa elaboração simbólica daquilo que foi significado nele corporalmente. Aqui podemos retomar o que lhes dizia quanto ao gráfico ser um espaço de projeção da corporeidade.

Um Bender deste tipo pode ser situado no campo da psicose. Trouxe um Bender inicial, e o Bender que foi realizado 8 meses depois. Desapareciam essas produções, mas isso obviamente não quer dizer que o menino tenha se curado, mas que houve outra organização desse campo perceptivo e gráfico.

Participante: Foi aplicado um Bender a um menino de 6 anos que apresentou também produções delirantes. Horas depois, estando com outra pessoa, pôs-se a desenhar as figuras no quadro-negro; a pessoa que estava com ele não sabia que havia sido aplicado o Bender e reconheceu uma por uma as figuras, que havia desenhado com ordem e perfeição.

Resposta: É um excelente exemplo para ilustrar o que dissemos sobre que sempre, ante um teste, nos encontramos com uma produção determinada pelo sujeito, mas também, transversalmente, pela situação concreta de prova, irrepetível, entre examinando e examinador. Também ilustra claramente o que antes afirmamos, que graficar é fazer uma produção projetiva, é sempre "expressão", e, nesse sentido, cada produção será irrepetível; claro que, em geral, as diferenças não serão tão acentuadas como neste caso, inscrito em um estado psicótico.

Organicidade: Lesões: já mencionei que o principal transtorno neste caso, em relação com o gesto gráfico, é a incapacidade de poder antecipar, regular e conservar estavelmente o total requerido de energia para uma execução fluida e harmônica dos traços. Consequentemente, são frequentes os ângulos em estrela:

múltiplas mudanças de direção ante a impossibilidade de antecipar a interrupção do traço e a mudança de direção. É como se essa troca se fizesse por tentativas e correções sucessivas, resultando o ângulo em estrela (não confundir com o ângulo sobreposto para conseguir tangência):

ou assim mesmo, como uma precária tentativa de representação da obliquidade (os ângulos como algo diferente dos lados da figura):

Ondas em serrote ∧∧∧∧. Obviamente muito mais fácil de executar para quem tem dificuldades em regular quantidade de energia e direção alternante. Frequente em epilepsias. Retas substituídas por cruz. Idem por pontos. Não confundir com repasse tangencial, ou esboço prévio (características obsessivas e/ou excesso de ansiedade ante a prova). Obviamente não é que a lesão leve de per si a graficar com cruzes em vez de traços contínuos, mas revela a intenção do sujeito para remediar sua dificuldade no controle do traço. Frequente em apraxias. Alterações na pressão do traço, em geral hipertônico, às vezes combinado com hipotônico em um mesmo protocolo. Também aparece em epilepsia.

Estrutura psicótica: Sem o grau de desestruturação egoica do psicótico, sem produção delirante restitutiva. O que em geral se observa em Bender é uma produção "caótica", sem concretismo nem marcada elaboração, onde há superposição de figuras, macro e micrografismo coexistentes, com predomínio do primeiro, distribuição arbitrária, em certas ocasiões repetição do desenho não por perseverança, mas por desconformidade com o resultado. Não aparecem as pautas descritas para a organicidade. O que impacta e caracteriza em Bender, em casos de estrutura psicótica, é essa característica geral de caos, desorganização, que nos fala da precariedade e escassa discriminação com que está construído simbolicamente o corpo no espaço e a subjetividade em geral neste paciente. Pode ser sucedâneo a não resolução de um vínculo simbiótico mãe-filho, às vezes complicado, com alguma perda no corpo real que condiciona sua simbolização.

Costuma ser acompanhado de certas características de conduta: ansiedade, distração, pressa na execução dos desenhos. As dificuldades costumam abranger o campo da própria organização perceptível, não por determinações orgânicas, mas pela forma como organiza seu contato com o exterior, neste caso com o estímulo para perceber, sendo factíveis alterações como a substituição de pontos por retas nas figuras 3 e 5; não por uma intenção concretizadora ("uma flecha"...) mas por ficar preso a um aspecto da imagem gestáltica e não poder distanciar-se do mesmo para incluir outros aspectos; no caso da figura 3 "vê" "ângulos crescentes", pelo que poderá fazer algo assim:

além disso, perseverando e com macrografismo.

Este tipo de produção tem pontos de contato com a do paciente disfásico, que, por impossibilidade de coordenar os processos analíticos e sintéticos necessários, também pode ficar aderido à *Gestalt* em geral (não pode perceber que "são ângulos crescentes, mas feitos de pontos").

O paciente disfásico, em geral, apresentará distorções nos desenhos, mas não na distribuição caótica, superposições e execução acelerada que costumam apresentar-se no paciente com estrutura psicótica. Às vezes, o diagnóstico diferencial é difícil. O paciente disfásico pode aparecer-nos com estrutura psicótica, ou até ser psicótico. É o paciente a quem, se lhe dissermos: "tua mãe te espera", pode responder: "sempre compra maçãs, peras não"*, o paciente que no Raven, por incompreensão inicial da *consigna* e adesão à apresentação da matriz com um vazio, pode ser que escolha a peça em branco "porque é igual"; o que em outras figuras escolher a peça que representa a *Gestalt* geral, e não o elemento que falta para completá-la; o paciente que segundo os pais, na consulta, pode aparecer representado como "não sabemos se é bobo ou se faz de bobo. Às vezes responde bem, mas às vezes sai com qualquer coisa, riem dele por isso os outros meninos". Um paciente com tal perturbação na linguagem, representado desse modo pelos demais, corre o risco de desenvolver finalmente uma estrutura psicótica, talvez oligotimizar-se. É algo semelhante, em outro plano, ao que acontece

---
* N. da Trad.: Conservador e exemplo pelo som que apresenta: espera e pera.

ao menino com dificuldades na colocação espacial, por exemplo, por lateralidade cruzada ainda não compensada, ou por imaturidade na definição da dominância lateral; sua sorte será muito diferente conforme a resposta do meio familiar e escolar, conforme for tolerada essa dificuldade, se lhe é permitido "conviver" com ela e se lhe é dado ao menos o tempo para que realize tentativas espontâneas de compensação ou se, ao contrário, é rotulado como "retardado, desorientado, descuidado, lerdo para escrever, não presta atenção e por isso faz números ao contrário", etc.

Outro quadro que costuma dar uma produção com alguns traços típicos é a epilepsia. São frequentes as perseverações, tanto visuais (por exemplo: usar pontos na figura 2 por aderência à 1), como motoras (por exemplo: continuação indefinida da série de pontos nas figuras 1 e 2 e das linhas sinuosas na figura 6). Veremos também hipertonia, ondas em ângulo ("serrote"), círculos sem fechar, assimetrias.

Inscrevem-se dentro de uma modalidade obsessiva comportamentos tais como o repasse tangencial, a excessiva preocupação pela distribuição ordenada, o reiterado controle do número de pontos ou de ondas (verifica uma e outra vez), etc.

Tal modalidade pode enquadrar-se em uma organização neurótica obsessiva definida, porém pode ser sucedânea de outros quadros: propósitos defensivos contra a desorganização psicótica, em cujo caso acharemos condutas mais exageradas (por exemplo, numerar e emoldurar cada desenho, registrar o número de pontos ou retas que os compõem por escrito, etc.), pode corresponder a um estado pós-psicótico, ou pode ser um recurso da criança com características epileptoides ou lesionais: faz um grande esforço para controlar a tendência à expansividade e perseveração e, para isto, rodeia-se de "precauções" de artifícios rígidos e obsessivos. É a mesma criança que, sendo um lesionado medicado, desenvolve uma modalidade hiperacomodativa em relação à aprendizagem, em especial na escola. As dificuldades de controle igualmente aparecerão, talvez, no caso do Bender, como "falhas corporais e gestuais": todo o esforço de pontilhação ao desenhar não evitará que, ao apagar, talvez rasgue a folha, ou, ao marcar com pontos, quebre a ponta do lápis ou rasgue o papel, etc.

As dificuldades de lateralização evidenciam-se em rotações e invenções dos desenhos realizados com relação ao modelo (não confundir com rotação do modelo). Se essas rotações afetaram as figuras 1 e 2, fazendo-as verticais, devemos pensar, em primeiro lugar, em um quadro de confusão. Ocasionalmente haverá rotações em lesionados, pela atuação de mecanismos facilitadores da execução, mas, em tal caso, o mais comum é que rotem

previamente o modelo, ou que girem sucessivamente a folha para executar cada segmento que compõe a figura.
Finalizaremos com uma síntese conceitual:

- Desenhar é sempre expressão, projeção da corporeidade no espaço simbólico, representado pela folha, neste caso.
- Perceber supõe conceitualizar conforme o nível de aquisição das estruturas cognitivas, o que remete à interiorização progressiva das ações, de início puramente materiais, sobre o corpo e os objetos: as formas percebidas são assimiladas a movimentos interiorizados e transformados em gestos gráficos no desenho das figuras.
- Perceber um modelo e desenhá-lo inclui dois momentos: o primeiro com predomínio da acomodação (dos esquemas que possui às peculiaridades das figuras), e o segundo com predomínio assimilativo (assimilação recognitiva: reconstruir o desenho), ainda que requeira acomodações (dos recursos posturais e energéticos que antecipa como convenientes em cada caso).
- Não é possível vincular mecanicamente certas pautas a um determinado quadro patológico, senão a título global e como hipótese a verificar no conjunto do processo diagnóstico.
- A execução do Bender permite avaliar o nível de aquisição e disponibilidade de certos comportamentos cognitivos no sujeito, em especial os da área figurativa (adequação visomotora, noções topológicas e infralógicas), e secundariamente da área lógico-matemática (quantificação).
- A avaliação é sempre qualitativa e lança um olhar sobre esse sujeito, com uma história particular, colocado em situação de prova. Uma execução correta supõe em cada nível a possessão e disponibilidade dos recursos próprios da elaboração objetivante. A possessão e/ou disponibilidade podem estar interferidas por causas orgânicas e/ou pelo *atrape* (em diversas proporções) da inteligência pelo desejo inconsciente. Neste caso, e essencialmente, os gestos gráficos nos remeterão ao estado de construção da corporeidade no espaço simbólico. Tal construção é especialmente problemática nas crianças com perturbações orgânicas, pelo que seus protocolos não nos falarão mecanicamente de sua dificuldade orgânica, mas de como esta transversaliza aquela construção simbólica; e este eixo transversal entrecruza-se com outros: como sua patologia é significada desde o especialista, o docente, a família e a própria criança. Isto é mais claro quando não se detecta dificuldade orgânica alguma que "explique" as perturbações.

"Todo pensamento, todo comportamento humano remete-nos à sua estruturação inconsciente, como produção inteligente e, simultaneamente, como produção simbólica."

"A interpretação do discurso não pode ser feita sem levar em conta o nível da realidade, pois a realidade é a prova; sem levar em conta a leitura inteligente dessa realidade que lhe dá sua coerência; sem levar em conta a dimensão do desejo, que é sua aposta; sem levar em conta sua modalidade simbólica, que lhe dará sua paixão."

Sara Paín

15

Intervenção da cognição nos testes projetivos

O processo simbólico é observável a partir de projeções, mostra-se no discurso, na atuação de tipo dramática, nos grafismos, na corporeidade, etc. Na projeção também há um aspecto de cognição.

O simbolismo não pode manifestar-se independentemente da intelecção, porque esta lhe dá a possibilidade da congruência. Na fratura da congruência, aparece o sintoma.

O pensamento é um só, não há um pensamento inteligente e outro simbólico, já que tudo vem entrelaçado, como se um deles fosse o fio horizontal, o outro, o vertical, e o pensamento uma trama; quando falta um deles, a trama não se constrói. Ao mesmo tempo dá-se a significação simbólica e a capacidade de organização lógica.

O chiste pode servir-nos de paradigma para observar como trabalham articuladamente o nível simbólico e o cognitivo. Quando escutamos um chiste, podemos rir somente quando o entendemos, quer dizer que a compreensão é necessária para a resposta, pois se se explicasse, o chiste perderia o efeito. Tem que haver um entendimento suficiente para compreender o não sentido do sentido do chiste, mas não deve ser explicado, senão o chiste perde seu valor, não causa riso nem produz prazer (Sara Paín).

O chiste ocupa justamente este lugar privilegiado porque o não sentido da palavra está tramado sobre um sentido, uma sintaxe que deve ser lógica. Implica a ruptura de uma lei que é necessário conhecer, sem a qual não haveria chiste. O exemplo do chiste serve para explicar como na projeção afetiva vamos encontrar a articulação da cognição com a simbolização. Toda simbolização, até o próprio sonho, necessita da inteligência. "O pensamento incoerente não é a negação do pensamento, fala ali mesmo onde diz mal ou não diz nada, e isto oferece a oportunidade de determinar a norma no incongruente e saber como ignora o sujeito" (Sara Paín).

Leitura psicopedagógica das provas projetivas

Ainda que as provas projetivas, que por vezes utilizamos (CAT, desiderativo, gráficos, etc.) tenham sido desenhadas com objetivos diferentes dos nossos, e a partir, inclusive, de fundamentos teóricos que não compartilhamos, cremos que mediante um uso mais heterodoxo e uma interpretação de acordo com nossa modalidade, podem trazer-nos, com relativa rapidez, dados sobre a articulação entre a elaboração objetivante e a subjetivante.

Para o diagnóstico dos problemas de aprendizagem, não levamos particularmente em conta os conteúdos expressos pelo paciente. Interessa-nos observar a modalidade com que a inteligência trata o objeto, reconhece-o, discrimina-o em sua própria legalidade, conecta-o à sua experiência e o utiliza adequadamente.

Detemo-nos em: a) analisar como os recursos cognitivos possibilitam a organização da projeção, a expressão da dramática do sujeito e a comunicação de suas angústias; b) observar o tipo de leitura da realidade (fraturas, escotomizações, distorções, tergiversações).

Assim como dissemos anteriormente que não levamos em conta o conteúdo da projeção, tampouco o fazemos com o tipo de objetos omitidos ou tergiversados em si. A omissão ou tergiversação de uma parte da realidade (seja construção de um relato ou a percepção de uma lâmina), pode dever-se a um momento defensivo ante um objeto sentido como perigoso, sem indicar necessariamente *atrape* da inteligência e menos ainda problema de aprendizagem.[1]

Pelo contrário, o sujeito que apresenta problema de aprendizagem costuma guardar sistematicamente um número restrito de objetos, ou, em outros casos, tomar repetidamente uma parte pelo todo, ou somente relacionar os objetos em pares.

Por tal razão, pretendemos buscar a significação da operação aplicada (omissão, relação termo a termo em lugar de inclusiva, distorção) mais que

---

[1] Em tal circunstância, a operação de omissão ou a tergiversação não será o interpretável, mas os objetos sobre os quais se aplique. Além disso, somente se usarão essas operações ante a aparição de objetos que aludam ao perigo.

a significação de cada objeto alterado. "Os problemas de aprendizagem caracterizam-se pelo mau serviço que lhe presta o pensamento na elaboração da situação e, reciprocamente, a perturbação que provoca no pensamento a quantidade de ansiedade que a prova desencadeia. Assim, encontramos omissão e confusão de objetos ou instâncias relevantes na situação apresentada." (Sara Paín).

Argumentar: possibilidade da inteligência e o desejo

A dificuldade para dar argumentos está relacionada com o não querer definir-se por algo. Argumentar é dar uma hierarquia de valores, é colocar as coisas numa sequência. Às vezes, é isto que se quer evitar. Ao não escolher, se permanece no presente do momento da figura, há somente uma simples descrição do que já está escolhido de antemão por quem fez a figura. Alienando-se na escolha do outro, não se pode criar o novo, nem jogar ou aprender.

Quando a criança cria um conto, a figura começa a ser parte dele, pois, de alguma maneira, foi sua autora. Pode apropriar-se da história e posteriormente lembrar da figura. Porém, as crianças com problema de aprendizagem, ao não poder jogar com a figura, levá-la em conta e por sua vez transformá-la, ou ficam ligadas ao objeto (hiperacomodação), ou não dão conta do objeto (hiperassimilação), resultando-lhes difícil aprender da realidade externa e de si mesmos, em uma conjunção dialética necessária. Para aprender, é preciso poder transformar e deixar-se transformar.

Enquanto a criança cria um conto, aprende por si mesma, aprende com sua própria sintaxe. Em geral, a criança com problemas de aprendizagem (isto se observa particularmente nas inibições cognitivas ou no CAT) não pode sair do momento descritivo e construir uma história, pois fazê-lo é escolher se a pessoa é má ou boa, se o patinho é feio ou lindo, se está contente ou triste, isto é, dotar o personagem de um atributo, e isto é uma responsabilidade que pode provocar muita angústia. De tal modo, se alguns personagens são destruídos ou morrem, será o autor quem arcará com o peso da destruição ou da morte.

Ao contrário, os problemas de aprendizagem, montados em geral sobre uma estrutura psicótica, serão refletidos no CAT por relatos que anulam a existência da realidade da figura.

Sabemos que o desejo permite postular um mundo e construir sobre esta postulação, mas a criança poderá desejar a morte do pai sempre que este desejo não se cumpra. Quer dizer, somente na segurança de que o pai é onipotente e indestrutível, pode fazer fantasias sobre sua destruição. Do contrário, se a criança tem um pai gravemente doente, débil ou morto, poderá sentir a necessidade de controlar seu pensamento.

Se desejou a morte do pai, e este realmente morre, começa a ter medo de seu próprio pensamento: o pensamento converteu-se em onipotente, o que ela desejou converteu-se em realidade. Então não se atreve a construir personagens, aos quais possa matar com a mente. O encontro do desejo com a realidade é insuportável; como dizia Freud, o que mata, o que enlouquece, é a realização do desejo.

A estrutura neurótica obsessiva na infância relaciona-se com a realização de um desejo através de acontecimentos que a criança não pode controlar, tentando então controlar a realidade para que não lhe escape das mãos. Em tais circunstâncias, o que se vai apontar da realidade é o que existe, sem propor às coisas novos atributos (já que se alguém dá certos atributos às coisas, estas começam a ter liberdade e poderiam chegar a dar um espetáculo que alguém não desejaria ver). A criança permanece então, na descrição, no empobrecimento, no convencional, tornando-se um enumerador da realidade. Em nossa prática, observamos que ainda que esta modalidade possa relacionar-se com a estrutura obsessiva, tal estrutura da personalidade pode mascarar, de uma maneira determinada, a modalidade com que a inteligência trata o objeto; as possibilidades criativas da criança poderão então ver-se reduzidas, mas não se deve confundir isto com um problema de aprendizagem. No problema de aprendizagem, a possibilidade de argumentar está particularmente prejudicada, ferida e até ferida de morte, já que aí devem articular-se harmoniosamente a inteligência e o desejo; além disso, decidir-se por uma argumentação implica "pôr o corpo", "jogar-se" (recordemos quanto tem a ver o corpo na construção da capacidade de sentir-se dono dos próprios atos).[2]

Esta temática deverá ser aprofundada, pois considero que pode nos trazer elementos diagnósticos diferenciadores entre diferentes patologias na aprendizagem.

Quando o argumento (por exemplo, o proposto no relato do CAT) é pobre (descritivo, hiperacomodativo) por corresponder a um *atrape* intrínseco da capacidade de argumentar, falaria de um problema de aprendizagem da ordem da

---

[2] Ver nos capítulos 4, 8 e 12, diferentes relatos do CAT, de acordo com as diferentes modalidades de aprendizagem. Sem dúvida, quem pretender analisar a possibilidade de argumentar num relato, deverá ter bons conhecimentos sobre as etapas evolutivas da criança e dos desenvolvimentos atuais em psicolinguística.

"inibição cognitiva" (sexualização do pensar e o resto das razões que estamos comentando nesta parte). Mas existe também uma dificuldade para argumentar, sustentada no "problema de aprendizagem reativo", onde não está alterada intrinsecamente a capacidade de argumentar (por razões ligadas à história pessoal do sujeito), mas por desinteresse, desqualificação, anulação do meio socioeducativo, rechaço a qualquer tentativa de argumentação individual da criança, como acontece em muitas de nossas escolas com os alunos em geral, e particularmente com os economicamente carentes.

Alguém pode enunciar seu argumento somente no seio de um "espaço de confiança", somente quando o outro reconheça nele não só um aprendiz,[3] mas também um *ensinante,* quando haja outro que queira escutar seu argumento. Mas o que acontecerá quando uma criança estiver colocada em um meio socioeducativo em que a ninguém interessem seus argumentos?

Uso do C.A.T. para observar a modalidade e significação da aprendizagem

Esta técnica, que consiste em uma série de 10 figuras destinadas a apresentar, cada uma delas, cenas com animais, conflitos característicos na infância, costuma ser usada por nós no diagnóstico dos problemas de aprendizagem. Em um DIFAJ, quase nunca utilizamos uma série completa de 10 figuras.

Como em outras circunstâncias, interessa-nos mais aprofundar-nos em um aspecto do que estender-nos em uma visão geral. Neste sentido, consideramos útil, pois relacionam-se com temáticas que põem em jogo significações universais da aprendizagem, a apresentação das figuras 1 (cena de alimentação), 5 (grupo familiar, em que se pode inferir a comunicação de um segredo) e 10 (pode remeter ao controle de esfíncteres).[4]

Quando se apresenta a figura à criança, sugere-se que relate um conto sobre a mesma, em que ela descreva o que está acontecendo, o que aconteceu antes e o que vai acontecer depois.

---

[3] Analisar diferença entre aprendiz e *aprendente.*
[4] As três cenas estão relacionadas com a aprendizagem. Assim, por exemplo, na cena da alimentação, paradigmaticamente associada ao aprender, pode-se observar, por exemplo, as figuras paterna e materna como figuras *ensinantes,* o tipo de vínculo estabelecido com elas, o modo de articulação da demanda. A figura representa três pintinhos em atitude de comer e uma figura de galinha, grande, que se pode ver ou não; deste modo, podemos observar se o argumento mostra pintinhos *(aprendentes)* a quem falta comida (conhecimento), que podem pedir, que pedem e são castigados, que não pedem, etc.

Nos relatos a partir do CAT, podemos observar:

a) Se a criança dá uma estrutura ao relato. Se sabe dar-lhe um desfecho.
b) Se pode designar um herói e fazê-lo passar por uma prova. Diz Sara Paín que a noção de prova é garantido argumento para a criança. (Se observarmos os contos clássicos, vemos que não há conto que não tenha uma prova, uma façanha, um momento de perigo que precisa ser resolvido).
c) Se pode elaborar um argumento e como o faz.
d) Finalmente, analisaremos o tipo de tema escolhido em relação com as significações do aprender. Observaremos detidamente se aparecem situações referidas com o esconder, o ocultar, o roubar, o tirar, o incorporar, ao dar, ao receber.

Para nós, o tema por si só não é o principal, já que na argumentação, na construção do relato, é onde vamos ver a inteligência operando a serviço do simbolismo. Ainda que para construir um conto se ponha em jogo a riqueza das relações interpessoais, as possibilidades lúdicas e o espaço de confiança também se requerem os instrumentos intelectuais que permitam dar-lhe coerência e possibilidade de ser comunicado.

Assim como a humanidade transita da mitologia à ciência, e desta outra vez à nova mitologia, para criar um novo conhecimento, o mesmo ocorre ao ser humano em crescimento: necessita conhecimentos para organizar um relato de ficção, mas também a construção de uma mitologia possibilita que, por sua vez, se possa aprender com ela.

Se a criança cria uma historieta de tipo delirante, sem congruência interna, está nos falando da ausência de uma realidade sobre a qual construir e, como sabemos, a relação da objetivação com a subjetivação tem que ser pendular para que se possa aprender.

Gráficos: seu uso no diagnóstico psicopedagógico

Quando desenhamos, também argumentamos e projetamos. Por intermédio de uma série de aquisições cognitivas, podemos fazer um desenho mais ou menos rico e aproximado do objeto aludido. Assim, por exemplo, podemos dar conta das diversas conotações de uma árvore, por uma série de recursos intelectuais que vão se construindo de acordo com a idade (possibilidade de perspectiva, simetria, relações topológicas, divisões de plano, dicotomias, reconhecimento de que algumas partes se ocultam à visão, etc.). Para desenhar a árvore também teremos que apelar a uma série de recursos orgânicos e corporais, que poderíamos resumir em "disponibilidade corporal".[5]

Porém, uma coisa são os instrumentos (cognitivos, orgânicos e corporais) que permitem desenhar uma árvore, e outra é o tipo de árvore que alguém escolhe, e os argumentos que vai desenvolver para mostrar a árvore que quis fazer (seca, florida, com frutos, forte, débil, só, etc.).

Os diferentes níveis se combinam, necessitamos de recursos e códigos para representar o que queremos, mas em toda representação há uma articulação entre os recursos e a argumentação. Assim, quando a criança decide desenhar um homem ou uma mulher, deve dar argumentos para mostrar que é um ou outro. Esses argumentos (que tenha calças, cabelo curto e barba) terão a ver com a técnica pictográfica, com os recursos cognitivos, orgânicos e corporais e com o nível simbólico.

O simbólico é a eleição, e isso é o que nós vamos interpretar, mas somente poderemos fazê-lo quando o integremos ao conjunto; do contrário, estaremos interpretando somente a nós mesmos.

A metáfora necessita destacar-se como um não sentido em um universo de sentido, necessita ser algo que se desloca e cujo não sentido nos sacode, como costuma dizer Sara Paín. Quer dizer que para a interpretação dos testes projetivos gráficos ("Pessoa aprendendo",[6] "Família", "Partida de futebol", "Persona", que utilizamos no DIFAJ) vamos aplicar uma técnica interpretativa semelhante à descrita para os relatos do C.A.T.

Nos gráficos, vamos dar atenção também mais ao processo de execução do que ao produto final (isto é, que seria impossível falar sobre um desenho terminado e descontextualizado). Observaremos o método que a criança utiliza, os comentários que faz enquanto desenha, a atitude corporal (se cobre o desenho, se usufrui do desenhar, se tenta explicar o que desenha, etc.). Assim, por exemplo, uma menina de 5 anos, adotada, que desconhece esta informação, ao desenhar a família, grafica primeiro todas as cabeças sem olhos e, em seguida, vai colocando-os em todos, ficando somente o rosto que a representa para terminar,

---

[5] Existem limites que o organismo impõe, mas estes são muito menos importantes que o que geralmente se supõe. Pois até síndromes como a chamada "disfunção cerebral mínima" incidirão no grafismo de acordo com a conformação em imagens que lhe outorgue o corpo e a significação que lhe dê o desejo.

[6] Técnica que estamos investigando (a partir de um desenho nosso) e que leva a observar as significações do aprender.

no final. Quando termina o desenho, com todos os corpos já completos, desenha a boca e o nariz de seu rosto, e diz: "Esta sou eu, não pude fazer os olhos".

Em outro momento, perguntamos: "Para que serve a cabeça?", e nos respondeu: "Para aprender".

O grafismo deve ser tomado como um discurso, e é necessário portanto analisar as omissões, substituições, escotomizações e tergiversações, com o objetivo de dar conta do aprender.

Obviamente, faz-se evidente aqui algo que deve ser levado em conta para a interpretação de todo material projetivo, e é o conhecimento por parte do interpretador das pautas evolutivas que permitirá reconhecer se a omissão do pescoço em uma pessoa, por exemplo, pode ser interpretada como omissão, ou responde exclusivamente ao modo normal de desenhar a figura humana em uma determinada idade.

Por outro lado, se não podemos falar com a criança sobre o que desenhou, é quase impossível saber se nossas hipóteses estão certas ou não. Françoise Dolto diz:

"Nas crianças que não podem falar diretamente de seus sonhos e fantasmas, como o fazem os adultos com a associação livre, a imagem do corpo é para o sujeito uma mediação para fazê-lo, e para o analista o meio de reconhecê-los. Trata-se, pois, de um dito, de um dito que precisa ser decifrado, e cuja chave o psicanalista sozinho não possui. São as associações da criança que trazem esta chave, com a qual acontece ser ela mesma, afinal de contas, o analista. Porque é ela quem chega a captar-se como ponto de contradições inibidoras para a potência mental, afetiva, social e sexual de sua idade."

"Entenda-se bem: a imagem do corpo não é a imagem desenhada ou representada no modelado; há de ser revelada pelo diálogo analítico com a criança. A isso se deve que, contrariamente ao que se costuma acreditar, o analista não possa interpretar de saída o material gráfico, plástico, que a criança traz; é esta quem, associando seu trabalho, proporciona os elementos de uma interpretação psicanalítica de seus sintomas."[7]

---

[7] F. Dolto, *La irnagen inconsciente del cuerpo*, Paidós, 1986.

"O que o analista dá, é o que pertence ao outro."

Jacques Lacan

"... saber falar o idioma deles, e só então a interpretação será efetiva; do contrário, pode ser sentida como proveniente de outro mundo, do idioma incompreensível..."

E. Pavlovsky

"Não queremos deter-nos na manipulação do indivíduo com o objetivo de consertar sua máquina pensante de maneira que possa adequar-se à cadeia, mas promover nele, ao mesmo tempo que um máximo de independência e autovalorização, a realização de uma sociedade na qual seu problema não seja possível."

Sara Paín

16

Devolução

Devolução: entrega diagnóstica ou recuperação do prazer esquecido de aprender e viver

A forma de implementá-la será decidida pela equipe, de acordo com a situação familiar observada. É conveniente incluir uma devolução ao paciente designado; uma aos pais e outra ao grupo familiar. É quase uma norma não evitar a devolução individual ao paciente.

Vamos tratar de devolver à família e ao paciente, que justamente vêm a nós por ter dificuldades para pensar, a possibilidade de pensar, de se fazerem perguntas, de se questionarem e de se sentirem valorizados em suas possibilidades de pensar e de olhar um ao outro, de se entenderem e de se amarem. Quer dizer, vamos promover já desde o enquadre um espaço onde se privilegia fundamentalmente não o pedido de que falem sobre o sintoma do paciente, mas que se encontrem em um espaço, um tempo e um lugar para sentir e pensar, isto é, que de alguma maneira todo o tempo do DIFAJ é uma devolução, ainda que encontremos um momento particularizado onde vamos concentrar nossa intervenção e resumir as indicações.

Destaco a palavra pensar, pois estamos trabalhando especialmente com pacientes trazidos por esta dificuldade; então, será de suma importância devolver aos pais a possibilidade de pensar sobre o que está acontecendo com seus filhos, e em que medida eles estão implicados. É imprescindível que os pais, os irmãos, comecem a compreender de que se trata, e sejam participantes, junto com o paciente, da cura. Ainda que não sejamos tão onipotentes a ponto de querer modificar os pais, pretendemos, sim, atingi-los, pois se vieram consultar é porque, de certa maneira, ainda que sejam participantes da constituição da problemática, trazem entretanto um pedido de cura. A atitude bastante comum de considerar os pais culpados não ajuda, já que eles também são pessoas que sofrem, e devemos pensar que, ainda antes de ser pais, eles queriam seus filhos. Em geral, os pais comparecem achando que fracassaram, que não fizeram as coisas bem, vêm com essa carga e as diferentes defesas contra essa angústia; nós trataremos de demonstrar que, em algum lugar de seu ser, amam a esse filho. Às vezes, vem uma mãe acusando o pai de seu filho, permanentemente, e será tarefa nossa demonstrar-lhe que alguma vez ela amou esse homem; senão, ficaremos somente na negativa, e seremos cúmplices dessa estrutura onde o amor não entra, ou é algo doloroso.

"O reencontro da mãe com sua própria maternidade, com seu próprio amor, é um dos momentos mais emocionantes nos diagnósticos, na devolução. Se alguém pode dar, devolver algo desse amor que existe na relação de pais e filhos, terá posto uma âncora para poder construir o tratamento" (Sara Paín).

Se alguém não se investiu de amor, não poderá dá-lo a outro. Portanto, temos que olhar os pais de uma maneira afetuosa para conseguir que o afeto circule. E podemos fazê-lo, já que estamos em um lugar privilegiado. Dar o primeiro empurrão no afeto que está estancado. Em geral, há muito mais amor do que os terapeutas acreditam. O amor estará travado, estancado, mas existe, e é preciso fazê-lo circular; a criança tem que senti-lo da parte da mãe e do pai, e eles de parte de seus filhos. Quando o amor começar a circular, a aprendizagem também começará a circular.

O silêncio dos pais ou da criança não é um bom indicador, como tampouco o fato de dizerem sim a tudo; é preciso tratar, ao contrário, de que venham à tona os medos, a desconfiança que eles possam ter conosco e até com a indicação que estamos dando. Eles têm direito de desconfiar do tratamento e de nós, e nós temos que trabalhar essa desconfiança, tratar de simbolizá-la.

Tentaremos pontualizar, raciocinar, explicitar como o problema foi gerado, e principalmente trataremos de desculpabilizar. Consideremos que a culpabilidade é um dos subterfúgios maiores para conseguir que a situação continue, sem modificar-se. Não aceitamos a culpabilidade que pode ser usada como álibi. Devemos fazer notar como os pais tendem a repetir as mesmas condutas e de que maneira suas atitudes condicionam as atitudes do filho, sem culpabilizar, rodeando-os de compreensão. Que não saiam mais desolados ou desesperançados do que vieram. Não se pode descuidar de nenhum tipo de estratégia que possa fazer com que a intervenção terapêutica chegue ao seu fim; temos que evitar a deserção ao tratamento ou às indicações da orientação já desde o diagnóstico. Geralmente não é necessário apresentar conclusões diagnósticas sistematizadas; pelo contrário, este tipo de informações nas devoluções põem-se a serviço das defesas.

Ajuda-nos como material na devolução, o expresso nos motivos de consulta (a cuja textualidade apelaremos se for necessário), correlacionado com um "racconto"* dos diferentes aspectos que foram sendo observados ao longo de todo o processo diagnóstico, observações em que participaram todos eles, junto com os terapeutas. Em algumas ocasiões, apelamos também na devolução às técnicas dramáticas, sendo isto de grande utilidade e de efeito terapêutico rápido.

Se por "devolução" entendemos recuperação do pensar, dos afetos sepultados, circulação do conhecimento e do saber, reencontro com os aspectos sadios, devolução em um espelho da identidade do paciente, e não o caracterizamos como entrega diagnóstica onipotente, podemos continuar usando o termo devolução. Sabendo que o que tentamos é ajudar a recuperar o prazer esquecido de aprender e viver.

---

* *Nota do Revisor:* É uma palavra de origem italiana que quer dizer um conto para adultos, mas que aqui se refere a um levantamento da situação.

"Todo pensamento, todo comportamento humano, remete-nos à sua estruturação inconsciente, como produção inteligente e, simultaneamente, como produção simbólica."

"A interpretação do discurso não pode ser feita sem levar em conta o nível da realidade, pois a realidade é a prova; sem levar em conta a leitura inteligente dessa realidade que lhe dá sua coerência; sem levar em conta a dimensão do desejo, que é sua aposta; sem levar em conta sua modalidade simbólica, que lhe dará sua paixão."

Sara Paín

APÊNDICE 1

Gabriela: "Não lhe fica"

Gabriela tem 10 anos e cursa a segunda série de repetentes; querem enviá-la à escola especial. Consultou a neurologia, dali foi enviada à endocrinologia, genética e psicopatologia. Transitou por um sem-número de hospitais.

No transcurso de quatro anos, deram-lhe três psicodiagnósticos completos e lhe administraram o teste de WISC pelo menos seis vezes. Realizou e interrompeu tratamentos psicopedagógicos, fonoaudiológicos e familiares.

Não obstante, na admissão, a mãe disse: "Quero saber de onde e por que não pode aprender". Ainda assim, no Motivo de Consulta Familiar do DIFAJ, anuncia: "Estamos aqui porque não sei o que sucede com Gabriela". O pai insiste: "Viemos porque já lhe fizemos mil estudos".

Antes de iniciar o DIFAJ, a equipe contava com uma informação da entrevista de admissão, uma série de dados sobre os estudos realizados previamente, e a história clínica do hospital, onde constavam registros dos diferentes serviços assistenciais aos quais a família havia consultado, vários anos antes da existência do Centro de Aprendizagem.

a) **Informe da Equipe de Admissão (do Centro de Aprendizagem do Hospital Posadas)**

"Consulta pela primeira vez no hospital, ao serviço de Neurologia Infantil, aos 7 anos, procedente do Gabinete escolar para fazer um estudo neurológico, conforme o informe do gabinete: 'descartar possível deficiência orgânica que impede seu desenvolvimento normal, em virtude de apresentar transtornos de linguagem, dificuldades psicomotoras, mínima orientação no espaço e escassa socialização." Cursava então a 2ª série. Havia feito a pré-escola aparentemente sem dificuldades, manifestando-se os problemas a partir da 1ª série.

Da anamnese e exame físico feitos nesse momento, surgiram os seguintes dados perinatológicos: nascida de uma gravidez completa, por cesária, posteriormente à qual a mãe apresentou graves complicações que exigiram a reinternação no hospital durante dois meses, período no qual a nenê e seus irmãos ficaram aos cuidados da avó.

Não havia na paciente antecedentes patológicos de importância, e a maturidade psicomotora estava dentro dos limites normais.

A família é integrada pelo pai, de 49 anos, a mãe, de 48, ambos imigrantes consanguíneos, e quatro filhos, dos quais esta menina é a menor. Nas três mulheres, havia problemas de aprendizagem, mas não no único filho homem.

No exame físico feito nessa época, foi constatado perímetro cefálico abaixo do percentil 5, estatura baixa e outros sinais físicos associados provavelmente à consanguinidade dos pais (primos), que fizeram pensar em sintoma genético ou metabolopatia.

Nos estudos realizados posteriormente, foi comprovado, em repetidas ocasiões, uma cromatina sexual baixa (20%, 12%, 10%), pelo que se apresentou o diagnóstico de mosaico de Turner, que foi logo descartado mediante um estudo cromossômico no Instituto Nacional de Genética Médica. Outros exames complementares como raios X de crânio, EEG, fundo de olho, avaliação cardiológica ECG (para descartar coartação, cardiopatia congênita mais frequente na síndrome de Turner) foram normais. Atualmente está em estudo na endocrinologia infantil pela pouca altura.

Durante estes três anos, foram feitos vários psicodiagnósticos da menina, em diferentes instituições, assinalando-se quociente intelectual baixo.

Na entrevista de admissão, a mãe contribui para a filha, citando como motivo de consulta: "Eu quero saber de onde e por que não pode estudar e reter o que estuda. Não lhe fica".

Observam-se alguns indicadores que justificam, neste caso, a realização de um DIFAJ:

- A mãe, quando se refere ou se dirige à sua filha, assume uma atitude de desqualificação e de desvalorização.
- Desde que ingressou na 1ª série, a menina trocou de escola quatro vezes. Contradições no discurso da mãe. Em um momento disse: "Minha preocupação é essa, que se adiantasse na escola".

- A mãe, quando se refere ou se dirige à sua filha, assume uma atitude de desqualificação e de desvalorização. As irmãs foram apresentadas quase como deficientes, mas a mais velha, que tem atualmente 25 anos, completou os estudos secundários. A outra jovem, de 16 anos, terminou a escola primária, tendo repetido somente a primeira série. Atualmente está repetindo a sétima série (apesar de ter sido aprovada), por determinação da mãe.

Derivadores: A equipe interdisciplinar da Direção de Psicologia e Assistência Social escolar, solicita a opinião do Centro de Aprendizagem a partir de um pedido da Escola sobre se a menina deveria permanecer ou não na escola comum.

Grupo familiar[1]

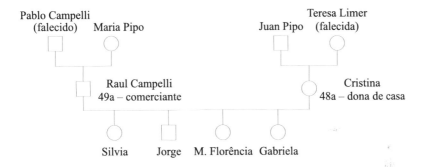

b) Resumo de dados diagnósticos e estudos prévios (entregues pela mãe e pela escola)

Aos 7 anos: Estudo psicopedagógico em um hospital: WISC: QI: 67. Estudos neurológicos e genéticos de duas instituições (mencionam hipertelorismo, pavilhão auricular de implantação baixa). Estudos otorrinolaringológicos e fonoaudiológicos: "Dislalias". Diagnóstico do gabinete psicológico escolar: "Retardo mental". Passa da segunda série comum à série de recuperação.

Aos 8 anos: Faz consultas endocrinológicas e cardiológicas: Diagnóstico de normalidade. Faz consulta Psicopatológica em um novo hospital. Diagnóstico: "Retardo Mental" (assina um psiquiatra). Resultado de um WISC feito na escola: QI.: 59; no mesmo informe consta: "Não atinge operatoriedade".

---

[1] Os nomes, assim como outras circunstâncias familiares, foram modificados cuidando para não alterar o esquema das mesmas.

Informe (na mesma data) da professora ao neurologista: "Em matemática se sai bem. Confunde e omite letras. Bom relacionamento social".

c) Alguns dados registrados na "Histórica clínica" (anteriores à consulta ao Centro de Aprendizagem)

Aos 8 anos lhe é indicado tratamento foniátrico e uma consulta ao Serviço de Genética, onde é sugerido realizar um acompanhamento para observar a incidência da consanguinidade dos pais (primos-irmãos).

Aos 9 anos, a neuropediatra questiona o diagnóstico de "retardo mental", mencionado por um Gabinete Escolar e faz um encaminhamento à Psicopatologia.[2]

Desenvolvimento de alguns momentos do DIFAJ

A equipe que realiza o DIFAJ está integrada neste momento por oito profissionais: duas psicopedagogas, uma médica pediatra, dois alunos do curso de pós-graduação em Problemas de Aprendizagem e três alunos do último ano da Faculdade de Psicopedagogia da Universidade del Salvador. Os terapeutas distribuem-se em três subequipes, encarregados de cada um dos três momentos simultâneos pais-paciente designado-irmãos.

Nos "momentos de reflexão" participavam, além dos já mencionados, um endocrinologista e um neuropediatra (profissionais intervenientes).

Antes de iniciar o DIFAJ, reuniu-se toda a equipe responsável pela experiência. A psicopedagoga da equipe de admissão comentou suas impressões, foram lidos o informe de admissão e a "história clínica" do hospital. A equipe que ia fazer a experiência não havia tido oportunidade anterior de trabalhar junto, razão pela qual tiveram um momento para elaborar essa situação, assim como os temores e ansiedades que cada um sentia frente à tarefa que ia ser iniciada. Falou-se sobre a gravação e suas características e sobre o número elevado de profissionais que se apresentará à família. Não é este o número habitual, já que com três profissionais, e mesmo dois, pode ser realizado um DIFAJ.

---

[2] Paradoxalmente, a única voz que diz algo mais além dos resultados dos testes é da neuropediatra. Não casualmente, creio, já que seu nome era Lídia Cáseres, Chefe da Seção de Neuropediatria do Hospital que, dois anos mais tarde, viria integrar a Direção de nosso Centro de Aprendizagem.

Os estudantes foram encarregados da gravação e transcrição. Lamentavelmente, por dificuldades de ordem técnica, temos um registro com muitas omissões.

Motivo de consulta familiar

Ver transcrição e comentário do Capítulo 10.

Motivo de consulta dos pais

Médico responsável: Agora vamos continuar conversando sobre o que vínhamos falando antes: o motivo pelo qual vocês estão fazendo esta consulta para Gabriela.
Mãe: O motivo é *porque nós já fizemos estudos* sobre Gabriela, falamos com a professora, e ela não pode aprender... eu quero saber o motivo por que...
M. R.: O que é que ela não aprende?
Mãe: O que não aprende... (silêncio), por exemplo, *em casa é uma criança e na escola é outra...* ler... se defende mais ou menos... nas contas, bem, em casa, eu sei porque as revisei, e ela as tinha feito muito, muito bem... só numa coisa que me enganei (sorri), na prova da conta me enganei. Depois vai à escola e não lhe sai. Por que, não sei. Outra coisa é que a professora diz que explica e que a menina não entende, não capta o que ela explica... não sei, não sei o que fazer (silêncio prolongado).
Profissional participante: Mas há lugares onde pode trabalhar bem, por exemplo, em casa.
Mãe: Sim, em casa sim, mas ela precisa desenvolver-se bem na escola, o que pode fazer em casa, por exemplo, *eu lhe explico uma coisa e ela entende,* mas o que a professora explica, ela não entende, então o que eu lhe explico não tem o mesmo rendimento que na escola...
Psicopedagoga responsável 3: Quando você lhe explica, entende bem, e na escola não... Por que acha que acontece isto?
Mãe: Não sei, eu não lhe encontro... não lhe encontro saída...
Pai: Ela na escola, ou seja, nas horas de recreio... fica sozinha, não brinca com as colegas... e em casa não fica um minuto quieta. Ela não fica sentada, sobe na cadeira e a quebra, sobe com os pés para cima, brinca... é inquieta, muito travessa.
Mãe: É muito ativa, não é uma menina aplastada...

Pai: É muito mais viva que eu, me faz peguntas como gente grande, eu não lhe encontro... é uma menina muito inteligente.

Mãe: Ainda esta manhã... fui à escola buscar o boletim, e a professora me disse: "A menina não fala em aula"; e eu lhe disse: "Mas professora, eu já lhe disse de saída, é preciso exigir-lhe que fale, a menina tem uma língua boa e bastante comprida para falar e você tem que insistir com ela que tem que falar e falar alto... exija".

M. R.: (dirigindo-se ao pai): Dizia que Gabriela é inteligente para você.

Pai: (interrompe): Sim, sim, *em casa faz perguntas, e eu, às vezes, estou ocupado e respondo assim no mais, e ela insiste: que me respondes? Ela quer a resposta exata, quer aprender,* faz perguntas como os maiores, é mais inteligente que eu, assim eu acho.

M. R.: (dirigindo-se ao pai): O que acha do que sua esposa comenta do problema de aprendizagem de Gabriela na escola?

Pai: Porque talvez tenha vergonha, também eu quando era menino, se eu estava sozinho, e achava que ia encontrar uma pessoa, ia pela outra quadra, eu era meio envergonhado.

· ·

Pai: Ela gostava de onde morávamos antes, tinha amiguinhas... levavam-na pelo braço para ir... a amiguinha vinha buscá-la, e ela ficava contente... aqui, ela está meio envergonhada, não quer companheiras, não, não...

Mãe: A mim, me parece é que não caiu na graça da professora, me parece... Ela necessitaria que a apoiassem um pouco mais... Ou seja, que eu não sou uma pessoa que... apesar da minha timidez em falar, eu encaro as coisas como se deve, deixo a timidez em casa e digo, bem, tenho que ir e falar e... assim, um dia não corrigiu os cadernos, e eu lhe disse: "O que acontece com os cadernos de Gabriela que...?" – "Não pude corrigi-los porque estão mal". *"Se você não os corrige, eu não sei se Gabriela os fez bem ou se fez mal, assim que se tiver que ganhar um zero, quero que ponha, mas que lhe corrija os cadernos".* À noite trabalhamos, olhando e corrigindo exercícios que eu não sei, e o menino que está na 3ª série me explicava e eu ensinava Gabriela, que fez os exercícios, não estavam todos certos, mas fez, assim que se ela repetir o ano, está certo, mas que *eu estou em cima da professora, estou em cima dela. Não a deixo, não a deixo nem ao sol nem à sombra.*

· ·

"A menina não entendeu", diz a professora, e eu lhe digo: "se não entendeu, não vai estudar", ou seja, eu não fico calada.

M. R.: O que acontecia com as outras professoras nas escolas anteriores?

Mãe: Bem, as outras... quando Gabriela ia à escola há 15 dias, a professora me chamou com urgência e me disse que para ela Gabriela era surdo-muda, não falava... 15 dias sem falar.

M. R.: Quando foi isso?

Mãe: No ano passado, 15 dias sem falar...

M. R.: Era uma escola nova?

Mãe: Nova, sim, e o que acontece com Gabriela? Pergunta, tem problemas? Sim, lhe digo, tem alguns problemas de aprendizagem, mas se se está um pouquinho em cima ela anda... E me diz: *"Não, não, nem escuta, nem fala".* Não, não, professora, a menina escuta e fala perfeitamente, agora que tem problemas de aprendizagem tem, porque eu não escondo, porque a professora vê que eu falo às claras e...

M. R.: Ou seja, do começo até o fim do ano houve uma mudança importante...

Mãe: Sim, sim, sim, em troca, nesta escola entrou para valer e parece que Gabriela não engole a professora, e a professora não engole a Gabriela. Mas me confunde um pouco, pois de manhã, quando a chamo, levanta-se meio eufórica porque quer ir à escola; levanta-se, ainda que custe, é como uma menina normal, não é uma menina anormal, não tenho que levá-la arrastada, aos gritos, normal...

Pai: Ao contrário, controla.

Mãe: Sim, faltam tantos minutos, faltam tantos.

Pai: Controla para chegar à escola na hora certa.

P. R. 3: Como é que você sabe que Gabriela não engole a professora e que a professora não engole a ela? Gabriela fez algum comentário? *Mãe:* Não chegou a me dizer... não me disse... (silêncio).

P. R. 3: Como foi a primeira série?

Mãe: Bem, bastante bem, apesar de tudo, bem ainda que não tenha me dado conta dos problemas que Gabriela tinha, e não como agora, que estou sempre em cima... O problema começou na 2ª série, quando tinham que formar frases, ela não conseguia... porque a professora não estava em cima. A diretora me disse então que Gabriela não devia estar em classe normal, mas em uma classe especial... descobrimos que Gabriela não unia as frases...

A diretora dizia que ela estava avançando, e eu via que a menina não se lembrava de nada, a deixo, enquanto isso começo a levá-la ao médico, a fazer estudos, e cá estamos. Me disseram: "Pode ser que tenha uma deficiência". Eu disse: por que vou confundi-la.., agora, quando vejo que Gabriela não tinha nada, aí comecei a exigir, a apertar. Aí trocamos outra vez de casa, foi a primeira mudança. A professora diz: "Vamos fazer Gabriela passar", e eu digo: "Não, não, prefiro que me repita, se não sabe nada, não pode passar uma menina que não sabe". Me dói, digo, porque eu paguei um ano de escola... este ano não a matriculei lá, porque o ambiente... são as crianças do orfanato que vão muito...

P.R. 3: Ou seja, na escola há um refeitório...

Mãe: É para os mais necessitados, e até Gabriela quis inscrever-se, para não ficar sozinha... quando ficava só, as crianças que não iam comer, vinham e lhe batiam, uma vez até lhe atiraram meio tijolo. Um dia lhe bateram na cabeça e ficou com um galo, outro dia atingiram seu olho e não aconteceu nada, e eu perguntava se tinha acontecido alguma coisa, e ela, não, não. Eu sei pela professora que ela não brinca... Eu pedi à professora que mude sua companheira.

Pai: Ela gosta de brincar... minha esposa tem um irmão com uma filha de sua idade, e sempre me pede e insiste para ir à casa da prima brincar... quer brincar, mas fazer amizade é difícil... não conhece, não tem crianças de sua idade, não tem companhia...

M. R.: O que faz Gabriela durante o dia?

Pai: Os deveres.

Mãe (interrompe): Incomoda todo o dia, está o dia todo com seu caderno, com suas perguntas, com seu livro e diz: "Mamãe, me diz um número", e eu nem sei para que serve este número, é para achar uma página para leitura, abre, se gosta da leitura, ela copia... copia, e então me diz: "Mamãe, me dá um número". E é para dividir ou para fazer contas... Não lhe pergunto por que e, às vezes, digo um número muito alto, por exemplo 180, e então ela diz: "Não, não, esse não...".

Ela se preocupa, preocupa-se muito com tudo. A atividade dela durante o dia, quando volta do colégio, é almoçar, e depois já estamos trabalhando ou se lava a roupa... ah, sim, sim, ela lava sua roupa.

Pai: Se lava, a mãe se aborrece com ela...

Mãe: Às vezes tiro dela roupas para lavar e se aborrece. A roupa de lã e outras, isso não...

Pai: Às vezes estou com a TV ligada, escutando as notícias, e ela pergunta algo, eu lhe digo que não incomode, que não fale, diz: "O que disse? O que disse?". Quer saber, eu respondo algo, e ela quer aprender.

Motivo de consulta fraterno

Ver no Capítulo 10: "Gabriela ou Maria Florência".

Entrevista com a família sem a paciente

Ver no Capítulo 10: "Gabriela: o dentro e o fora familiar".

Hora de jogo psicopedagógico

P.R. 2 (dirigindo-se a Gabriela): Nós vamos te dar uma caixa para que, jogando, nos conte o que te acontece, temos 10 minutos para jogar. Um pouco antes, vamos te avisar que o tempo já está terminando. (Coloca a caixa no chão).

Gabriela olha para a caixa e para nós. Longo silêncio.

Gabriela: Uma mesa.

P.R. 2: Queres uma mesa? Qual?

(Gabriela arma uma mesa com duas cadeiras. Silêncio. Os terapeutas a ajudam, e entre dois levantam a caixa sobre as cadeiras. Gabriela fica parada ao lado da caixa e nos olha, há um longo silêncio).

P.R. 2: Todas estas coisas que estão dentro da caixa são para brincares, para que nos mostres como brincas.

(Longo silêncio).

Gabriela: Me ajudem.

P.R. 2: Quem queres que te ajude?

Gabriela: Qualquer um.

P.R. 2: Queres que eu te ajude?

Gabriela: Sim.

P.R. 2: Bem, mas tu me dizes tudo, tudo o que queres que eu faça, como se eu fosse um robô.

Gabriela: Arma coisas com o que tem aí dentro.

P.R. 2: Com que coisas?

Gabriela: "Isso" (assinalando algo dentro da caixa).

P.R. 2: (tira um jogo de encaixe de cores): Tu imaginavas que ia ter estas coisas?

Gabriela: Não.

P.R. 2: E o que imaginavas que havia?

Gabriela: Que estaria vazia. (Silêncio). Quero que pegues outra coisa que não seja essa.

P.R. 2: Guardo esta?

Gabriela: Sim, guarda a caixa.

P.R. 2: Como? Tapada, destapada?

Gabriela: Tapada... e leva-a. Quero jogar como fizemos antes.

Meu irmão e está caminhando
Papai e está com o martelo
Mamãe e está passando a escova

Minha irmã e está cozinhando
Minha outra irmã está limpando
E eu estou brincando

Desenho da família (Gabriela)

P.R. 2: Mas estando sozinha ou com teus irmãos?
Gabriela: Com meus irmãos. Quero jogar o "vejo-vejo".
P.R. 2: E quem queres que comece?
Gabriela: "Ela" (mostrando a estudante participante).
(Participa do jogo).
P.R. 2: Bem, agora nós, as psicopedagogas, vamos juntas pensar em tudo isto... Vocês também vão poder estar juntos, pensando em todas as coisas que aconteceram até agora. Depois voltaremos a nos juntar, e voltarás novamente a trabalhar conosco.

Observação do caderno de classe: Em matemática, a maioria dos exercícios está bem feita. Ela comenta: "Gosto de fazer contas". Apresenta dificuldades em linguagem, principalmente se observam união de palavras e omissões de letras.

Família cinética

Ver desenho e texto escrito (página 244).

Pessoa aprendendo:[3]

É um bebê sozinho, fazendo os deveres.

Bender: Boa distribuição espaço-temporal. A rigidez nas figuras, em geral bem construídas de acordo com sua idade, alude à rigidez observada nos gráficos que representam pessoas e remete à pobreza da disponibilidade corporal da menina. Ao *atraparse* o aprender, foi *atrapada* a corporeidade, como cenário da articulação inteligência-desejo. Se pudéssemos falar de idade de maturidade visomotora, aqui seria de 6 anos.

Raven: Percentil 10. Em geral os erros correspondem a versões inversas do modelo correto ou escolhas da figura completa. As respostas à última série, dá quase sem olhar as figuras, em uma atitude semelhante à manifestada na hora de jogo, em relação com a caixa (como objeto a conhecer).

Respostas em alguns jogos que permitem analisar as estratégias cognitivas. Responde adequadamente numa brincadeira em que cada participan-

---
[3] Pessoa aprendendo: trata-se de uma técnica que desenvolvemos para observar as significações do aprender.

te, por sua vez, pensa um número, e os outros devem adivinhar, fazendo-lhe perguntas. Neste jogo, é permitido contestar quando a resposta é com certeza um número só. Por exemplo, a terapeuta havia pensado no número 9; ela responde às seguintes perguntas formuladas por outros terapeutas: "É da primeira dezena?". "É maior que 8?". "É mais que 9?". Então lhe perguntam: "É menor que 10?", e responde: "É 9".

O que acontece com a inteligência de Gabriela? Quando chega para a consulta, traz vários informes. Alguns apontavam: WISC: QI. 67. Um ano depois, 59; no seguinte, 83. E em outro informe sem data, aparece um QI de 84. Em dois dos testes onde se apresentavam os resultados parciais, foi constatado que a média em compreensão e analogias era dez, o que representava capacidade normal quanto a aspectos não figurativos do pensamento.

Gabriela tinha possibilidades de trabalhar operatoriamente com os aspectos não figurativos do pensamento. A partir da análise dos estudos anteriormente realizados e das técnicas aplicadas por nós no DIFAJ (incluídas dentro de uma trama interpretativa), chegamos à conclusão de que as dificuldades que a menina apresentava na aprendizagem não podiam ser explicadas a partir de uma pobre disponibilidade intelectual. Não era possível falar, sob conceito algum, de retardamento mental. O aprender, onde é posto em jogo o organismo, o corpo, a inteligência e o desejo, estava *atrapado* por desejos inconscientes, o que poderia começar a ser esclarecido a partir de uma escuta psicopedagógica.

Sabemos, além disso, que se não descobrimos o sentido do sintoma na e para a família, não poderemos intervir terapeuticamente. Para curar, deveremos decifrar e elucidar a mensagem encapsulada no sintoma, para conseguir, assim, que os recursos intelectuais possam ser utilizados como instrumentos para a comunicação dessa mensagem.

Por essa razão, chamamos toda a família, trabalhando por momentos com todo o grupo, outros com o paciente e seus irmãos, e outros somente com o paciente; procuramos descobrir o que significa para a mãe e para o pai o aprender, buscando as repetições, os lapsos, as frases incompletas.

Para os pais de Gabriela foi feita uma equivalência entre o aprender e o incomodar. Que função cumpre o não aprender de Gabriela? Gabriela deve permanecer dentro e manter a família unida.

Partimos da suposição de que se uma criança construiu um sintoma na aprendizagem, ele é quem suporta a dificuldade e provê o terreno, seu corpo-organismo, que geralmente estão implicados, mas que sozinhos não bastam para explicar o problema, nem para gerá-lo. É a família que traz o significado do mesmo, o porquê e sua significação inconsciente.

A dificuldade específica de Gabriela em relação à aprendizagem sistemática tomava a forma de perturbações no tipo de união entre as palavras: unia ou separava algumas palavras, e, às vezes, omitia letras, mostrava certa rigidez corporal em situações grupais e recentemente manifestava dificuldades para integrar-se ao grupo escolar.

Seu rendimento em matemática era bom. Não obstante, a partir dos resultados numéricos em testes de inteligência mal instrumentados, havia sido diagnosticada como retardada mental.

Certamente o organismo de Gabriela possibilitou a construção de uma corporeidade onde intervieram, por sua vez, as significações inconscientes para conformar esse corpo, que se mostrava rígido (na escola, lugar do conhecimento perigoso, e na imagem), e uma inteligência temerosa de conectar-se ao objeto do conhecimento. A mãe diz, por exemplo: "Nasceu asfixiada, eu me prendo a isso". Em relação com o futuro *aprendente* da menina, o patologizante não é em si a anóxia, mas que a mãe "prenda-se a isso". O patologizante em relação ao aprender de Gabriela não é uma inteligência que geneticamente tivesse vindo alterada para unir as palavras corretamente, mas não para chegar à noção de número. Gabriela deslocou ao espaço de aprendizagem escolar uma mensagem que ela mesma não pode decifrar. Não posso unir bem as palavras na escola, porque estou unindo minha família. Eu sou esse "e" que "brincando" mantém a família unida e dentro (ver desenho e texto da família).

Por que foi deslocada a aprendizagem? Pelo modo como circula o conhecimento nesta família, pelo significado do mesmo, pelo lugar da mulher ante o conhecimento na família.

Por que se expressa na palavra escrita? A lectoescrita, em geral, põe em jogo, mais que a matemática, a imagem do corpo, os aspectos figurativos da inteligência, a construção da dominância lateral, os "não ditos" familiares, as "palavras sujas".[4]

A mãe e o pai de Gabriela descrevem o problema da menina, dizendo: "Estuda, estuda e não guarda", "em casa é de um jeito, e na escola é de outro". Além disso, a mãe comenta: "Por que não aprende? Eu quero saber o motivo por que não aprende".

Poderíamos tomar estas palavras como equivalentes a "Minha filha não aprende", ou a "Quero que ajudem minha filha a aprender melhor". Esta mensagem talvez esteja incluída nelas, mas procuraremos observar o con-

---

[4] Ver Capítulo 11, "Entrevista com a família sem o paciente".

junto do discurso de cada um dos membros da família, com uma atitude clínica psicopedagógica.

Gabriela apresenta as características de muitas outras crianças, nas quais é difícil chegar a um diagnóstico determinado, e frequentemente transcorrem muitos anos, durante os quais são consultados diversos serviços hospitalares, e diferentes profissionais procuram uma causa que explique o fracasso escolar. No caminho da busca desta causa, os especialistas, às vezes, reforçam o desejo dos pais de que a criança não aprenda, e ao longo do tempo vai-se construindo um problema de aprendizagem-sintoma.

Aprendemos pelos ensinamentos da psicanálise (e particularmente nós, por havermos gravado e transcrito setenta discursos nos DIFAJ e também por termos relacionado estes discursos com o que a prática dos tratamentos foi demonstrando), que a forma de descrever a problemática pelos pais não é neutra nem casual, mas que, muito pelo contrário, nos rodeios de linguagem, lapsos e modismos utilizados, emerge o significado inconsciente do sintoma. Sara Paín nos fala de três formas básicas que se encontram nos discursos dos pais para referir-se ao problema de aprendizagem de seus filhos: "Não lhe fica", "Não lhe entra", "Não lhe sai".

Encontramos a primeira destas expressões, em geral, relacionada com um desejo da mãe (ou do pai), a que a criança "fique" com ela, que a repare, e associada, como na família da Gabriela, com o fato de considerar o "dentro familiar" como bom, e o "fora" como perigoso. Na família de Gabriela, o conhecimento obtido dentro do grupo familiar, e através da mãe, era considerado possível, enquanto que o obtido fora poderia relacionar-se com "palavras sujas".

Encontramos, por sua vez, esta forma de expressar a dificuldade no aprender, relacionada com uma mãe que sente que seu filho causou-lhe danos ao nascer.

Nota da Tradutora: "No le queda", do original, foi traduzido por "Não lhe fica", para manter a coerência do texto e permitir a compreensão de situações que o texto propõe adiante.".

Gabriela "estuda, estuda e não lhe fica"

Não deixam Gabriela "ficar" na escola. Quando encontra um colégio onde pode progredir, não pode "ficar".

Quando lhe dizem que não tem nada, também não a deixam "ficar".

A mãe não deixa Gabriela "ficar" com os professores.

A mãe acha que quando sua filha nasceu, ela foi esvaziada, e ficou *desmentada,* * e que, quando Gabriela sai de casa para ir à escola, sente-se um vazio em toda a casa.

O pai sente-se identificado com esta filha a quem "não lhe fica".

"O que ela estuda não "lhe fica". Repetiu a 2ª série. Fez novamente a 2ª série em um colégio onde progrediu bastante... mas era longe, não a matriculamos novamente nesse colégio." (mãe)

"Eu então digo, quando me dizem que não tem nada... então a trocamos de escola." (mãe)

"Eu estou em cima (da professora). Não a deixo nem que chova ou faça sol." "Eu lhe explico uma coisa, ela entende." "Não tem o mesmo rendimento que na escola." "Na escola não escuta nem fala."

"Tive Gabriela com cesariana, ela esteve na incubadora, quando voltei para casa comecei a sentir-me mal, adoeci, fui operada, me tiraram um ovário, me esvaziaram. Estive muito mal, por isso às vezes o pensamento se vai. Não sei se vocês se deram conta. "Fiquei *desmentada"*.
"Quando Gabriela não havia chegado ao mundo, tínhamos a mente em outra coisa." "Quando não está, sente-se esse vazio." (mãe)

"A mim também não ficava."
"Na escola se fala de uma maneira e em casa de outra."
"Ela pergunta, eu lhe digo que não me incomode, que não fale. Quer saber, aprender." (pai). Quando o pai diz: "Faz os deveres", a mãe interrompe: "Incomoda todo o dia, está todo o dia com seu caderno, com sua pergunta, com seu livro".

---

* *Nota da Tradutora:* No original, *desmentada*, mantido para conservar a ideia que a autora quis passar.

Por que não poderá "ficar" em Gabriela o que aprende? Como significam os pais o aprender? Que relação estabelecem entre o perguntar-aprender e o sentirem-se incomodados?

Qual é o lugar designado à mulher e ao homem em relação ao conhecimento?

"Indaga muito, igual ao menino. Tinha três anos, fomos a um velório, e não alcançava para ver o caixão. Papai, quero ver." (pai) "Não tinham fechado o caixão nesse dia." "Quero ver quem está aí dentro."

Eu lhe digo: "É um tio." "Não, não, eu quero ver o que há."
"Gabriela e o menino, nisso são iguais." (mãe)

Observamos uma série de problemas, quanto à circulação do conhecimento no grupo familiar, que nos permitia supor a existência de um problema de aprendizagem a nível familiar. Inferimos que em Maria Florência, adolescente pela qual não vinham à consulta, havia a existência de uma oligotimia.

Realizamos durante o DIFAJ uma entrevista individual com Maria Florência, na qual administramos a técnica "pessoa aprendendo". Chegamos à conclusão de que, ainda que Gabriela apresentasse um problema de aprendizagem-sintoma, não exigia uma intervenção terapêutica imediata que começasse a partir dela. Foi indicado: a) Trabalho psicopedagógico a nível familiar. b) Atenção psicopedagógica individual para Maria Florência. c) Posteriormente ao início dos itens *a* e *b,* atenção psicopedagógica para Gabriela. Eventual inclusão em um grupo de tratamento. d) Trabalho psicopedagógico intercomunicado com o gabinete psicológico escolar.

APÊNDICE 2

Amália, a pomba que não deixaram voar[1]

Amália tem 12 anos e cursa a 1ª série de "repetentes" pela terceira vez. Anteriormente, havia ficado quatro anos na primeira série de uma escola especial. Seu pai tem 50 anos e abandonou os estudos de medicina. "Todos teriam que ser médicos, e não quiosqueiros como eu", comenta. Sua mãe, de 39 anos, fez a escola primária e atualmente trabalha como dona de casa. "Trabalhei até que Amália nasceu", nos disse. Sua irmã Clarissa tem 13 anos e cursa o segundo ano da escola secundária. "É brilhante", nos diz a mãe, enquanto o pai o confirma com a cabeça. Hugo, o irmão menor, tem 10 anos e está cursando a quinta série.

Na entrevista de admissão prévia ao DIFAJ, a mãe afirma: "Os problemas com ela começaram quando tinha dois anos", e o pai: "Já é antigo o assunto. Tem 12 anos, e desde os 2 anos começaram os problemas para ela". Ambos manifestavam cansaço por "tantos estudos" e querem ver "se nestes dez anos que passaram, foram inventados novos métodos".

Aos 3 anos e aos 3 anos e 4 meses, sofre dois incidentes que respondem a um quadro confusamente diagnosticado naquele momento. Na história clínica pertencente à jovem que se encontra no hospital, observamos que os sintomas foram apresentados como "hipotonia, sonolência, caminhar ziguezagueante, aumento de base de sustentação, estrabismo divergente, intoxica-

---

[1] Agradeço a entrega do material diagnóstico às psicopedagogas Marta Caballero, Teresita Cetkovitch, Olga Grillo e Maria A. Ribichich.

ção, ataxia aguda. A família supõe que a menina tomou Mogadan, um remédio da avó. Foi tratada com purgante salino, hidratação e teve alta; na mesma tarde, volta com vômitos e desvio dos olhos. Consultado um neurologista, descarta-se patologia neurológica e tem alta novamente".

Os pais, na admissão, insistem em explicar estas circunstâncias, que eles descrevem com os seguintes termos: "Sonolência, vômitos, alterações no caminhar e no equilíbrio, embriaguez".

O episódio seguinte, quatro meses depois, também aparece citado na história clínica do hospital como "intoxicação ou ataxia aguda, suposto quadro infeccioso".

Durante a gravidez de Amália, a família sofreu sérios problemas econômicos; além disso, neste mesmo período, morre o avô paterno, "uma pessoa muito dominadora e com um vínculo difícil com seu filho, o pai de Amália", nos diz a mãe.

"Apesar da gravidez não ter sido desejada – conta-nos a mãe –, foi a mais normal. Foi a criança maior. Toda a roupa estava preparada para homem, mas tampouco pôde usar a da irmã maior, porque lhe ficava pequena, pois era um bebê grande."

Quando Amália tem dois meses, a família muda-se para uma cidade do interior, para morar com alguns familiares, por "problemas econômicos e familiares". Voltam a Buenos Aires quando Amália está com dois anos, meses antes do nascimento do irmãozinho. Este é o momento que a família situa como o do começo da "enfermidade" de Amália.

A esse bebê, a quem a roupa da irmã maior ficava pequena por ser maior do que o esperado por sua mãe, vai ser difícil crescer, de maneira que os psicopedagogos que realizam o DIFAJ, um dos primeiros fatos que comentam é o pouco crescimento físico da menina, que os impressiona como "uma menina de 8 anos". A própria Amália foi quem pôde explicar-nos a relação entre o crescer, aprender, vomitar e saber.

Quanto à história escolar, ainda que os dados sejam muito confusos, fomos informados de que começou o pré-escolar em uma escola comum, mas "logo a transferimos de escola, porque nessa escola ela era superprotegida, e ela era a mimosa da professora – nos diz a mãe – não havia disciplina, não havia coordenação. Fizemos uma consulta à Psicologia Escolar e mandaram-na para a especial. Na especial ia brincar e brigar". O pai acrescenta: "Pela intervenção de uma psicóloga amiga e ao escutar um programa de TV, nos demos conta de que podia mudar de escola. Ingressou na especial por vias normais, não por favor. Essa menina não teria que estar nesse lugar".

Motivo de consulta familiar

Destacamos o seguinte diálogo:
Pai: O assunto é antigo. Desde os dois anos, os problemas começaram para ela. Consultamos por Amália. Não sei se tem a história clínica.
Psicopedagoga: Quem a atendeu?
Pai: Com quem não se atendeu! Teve apoio psicológico fora do hospital e agora é difícil continuá-lo.

Entrevista fraterna

Participam Clarissa: 13 anos, 2º ano da escola secundária; Hugo: 10 anos, 5ª série; Amália: 12 anos, 1ª série, escola de recuperação.
Sentam-se e ficam calados.
Clarissa: Amália está na primeira série de recuperação, porque tem um probleminha, tem imaturidade.
Terapeuta: Os outros, o que pensam?
Hugo: Ela é quem sabe mais (referindo-se à Clarissa), é a maior. Ela esteve mais tempo com ela. Eu nasci depois.
Clarissa: Quando ele nasceu, o problema começou. Começou com convulsões e desde então nós a levamos de um médico a outro.
Terapeuta: O que achas, Amália?
Clarissa: Ela só pensa em brincar e comer, é muito ansiosa. Não se pode ter nada guardado, procura tudo, encontra tudo e come. Antes, quando era menor, íamos a Mar del Plata e vomitava toda a viagem. Em seu aniversário também fica ansiosa e uma noite antes fica ansiosa e não nos deixa dormir.
(Hugo tenta dizer alguma coisa).
Terapeuta: Ias dizer algo?
Clarissa: Era isso do aniversário, mas eu já disse. Não pode ficar em casa nunca. Chega e quer sair em seguida. Quer sair com as amigas.
Amália: Eu quero ir brincar com Lúcia, brincar com as bonecas desarticuladas.
Clarissa: Esta menina veio da Alemanha e tem bonecas desarticuladas.
Amália: E tem mais brinquedos que vão vir no navio. No outro dia, eu não estava, e ela convidou meu irmão.
Clarissa: Agora ela é que vai. Ele é desmemoriado. Não perguntem a ele o que foi ver. Mamãe pediu um quilo de batatas e trouxe alface.
Amália: Se confundiu.

Hugo: Fomos à Praça Itália e trouxe uma pomba.
Amália: Não podia subir com as outras pombas, depois subiu, e as outras não a deixavam.
Clarissa: Uns meninos queriam matá-la, e meus irmãos a levaram para casa.
Amália: Ele tem um amiguinho chamado Daniel, e eu sou amiga da irmã, que se chama Fiorela.
Hugo: Temos um papagaio, Amália o achou.
Amália: Estava machucado.
Clarissa: Nota-se que caiu de uma varanda.
Amália: Sobe no meu ombro, no de Clarissa e no de Hugo.
Clarissa: Antes ia a um colégio, mas como a orientaram mal, foi para um especial dois ou três anos. A psicóloga dela disse que a orientaram mal. Agora, a partir desse ano, vai à recuperação. Jardim, foi ao mesmo que o meu.
Amália: Uma professora está faltando, porque está doente. Vão trazer uma professora substituta.
Terapeuta: O que vocês pensaram quando lhe disseram que teriam que vir aqui?
Clarissa: Eu soube no dia que mamãe veio aqui, com a psicóloga íamos uma vez por mês. Brincávamos.
Amália: E tu não falas, nenê, ficas mudo?
Hugo: No outro lugar gravavam tudo.
Amália: Com Daniel, gravaram o ruído da água, do papagaio.
Hugo: Qualquer coisa, gravamos como uma novela, depois tiramos.
Amália: Porque fica feio.
Hugo: Minha mãe me avisou para que eu avisasse que ia faltar.
Amália: Ele tem uma professora que vai ser operada.
Clarissa: Ele ficou contente porque não tem que ir ao colégio.
Amália: Fiquei sabendo quando cheguei aqui.
Terapeuta: O que pensaste?
Amália: Nada.
Clarissa: Na psicóloga ia brincar. Ia a Lanús, e minha mãe a levava meio adormecida.

Psicose, oligofrenia ou oligotimia

Ainda que já tenhamos comentado a entrevista fraterna no capítulo 10, quero deter-me para analisá-la sob certos parâmetros psicopedagógicos, que nos permitirão fazer um diagnóstico diferencial entre psicose-oligofrenia e oligotimia.

Observaremos como é estabelecida a circulação do conhecimento e a posse do saber no subgrupo familiar fraterno.

O irmão mais moço, Hugo, diz: "Clarissa é quem sabe. Ela é a maior. Ela esteve mais tempo com ela. Eu nasci depois".

Clarissa, um ano mais velha que Amália, começa anunciando seu "diagnóstico" e afirma: "Tem imaturidade", referindo-se a Amália e colocando-se no "lugar" do saber, ainda que não o detenha. Eu estabeleço uma diferença entre o "lugar" do saber e o portar o mesmo.

Geralmente, o sujeito "oligotímico" cede ao saber do grupo familiar e ocupa o lugar do não saber, enquanto algum de seus irmãos tem o lugar do saber, mas não o possui.

Quando Clarissa diz que Amália "tem imaturidade", Hugo aceita e confirma dizendo: "Clarissa é quem sabe. É a maior". Esclarece, além disso, que ele nasceu depois.

Clarissa insiste em que o problema começou quando Hugo nasceu e relata: "Nós a levamos de um médico a outro". (Nessa oportunidade, Clarissa tinha três anos). Tenta explicar as razões que confirmem a imaturidade da irmã: "Ela só pensa em brincar e comer, não se pode ter nada guardado pois (Amália) procura tudo e encontra tudo e come". Excelente descrição do que para nós é a transformação sintomática das significações do aprender, que condicionam a gestação de um problema de aprendizagem. Achamos que o significado da oligotimia entrelaça-se em uma estrutura familiar de segredo, onde o grupo do conjunto familiar mantém algo escondido, cuja revelação é tida como perigosa, e onde a criança, resignando-se à sua possibilidade de conhecer, assume este segredo. Ao mesmo tempo que denuncia a existência do segredo, renuncia à possibilidade de uma busca. É uma denúncia que implica renúncia. Renúncia à possibilidade de que a denúncia possa ser instrumentada como elemento transformador positivo dentro do grupo familiar.

"Não se pode ter nada escondido." "Procura tudo, encontra tudo e come." Nós poderíamos acrescentar à frase: e vomita. Procura e encontra, mas não pode usá-lo para transformar o grupo familiar ou simplesmente para conhecer, para ficar com o que encontra. Lembramos que um dos motivos que levava Amália de consulta em consulta tinha a ver com vômitos sem uma causa muito clara. Muitas vezes a mensagem, encapsulada no sintoma, expressa-se no aprender e no corpo (vômitos, pouco crescimento). Clarissa diz, além disso: "Em seu aniversário, também fica nervosa e não deixa dormir toda a família, nos incomoda, nos altera". O pouco crescimento no corpo, e na aprendizagem de Amália, revela em que medida um novo ano em sua vida implica uma incomodação e uma alteração para o grupo familiar.

Na primeira parte da entrevista, Amália permaneceu silenciosa. Nós sempre escutamos com especial atenção o que o paciente diz em primeiro lugar. Ela afirma: "Eu quero brincar". Em seguida, acrescenta, manifestando sua sabedoria oculta: "Brinco com as bonecas desarticuladas".

Entendemos a oligotimia (mais precisamente a oligotimização) como um processo que se relaciona com as dificuldades para estruturar um eu corporal único, como se a criança tivesse ficado marcada pelo momento que Lacan descreve como de "corpo despedaçado", onde as diferentes partes do corpo sentem-se desarticuladas. Para estruturar o "eu corporal", é preciso que a mãe devolva ao filho especularmente a unicidade de sua existência, apesar das mudanças, permitindo-lhe integrar o "despedaçamento", a desarticulação prévia. A oligotimia remete a uma perturbação inicial no vínculo mãe-filho, que altera a construção da imagem corporal, desintegrando-a. Não foi possível construir com a mãe um vínculo gratificante que devolve à criança uma imagem de unidade.

Amália diz: "Eu quero brincar com as bonecas desarticuladas". As intervenções de Amália, do ponto de vista lógico, parecem incoerentes, não se articulam com o que está falando sua irmã. Mannoni nos ensinou que o sintoma tem valor de mensagem, mas é preciso haver uma orelha que o escute. Se tivéssemos escutado Amália, de acordo com o que Clarissa trata de explicar desde a elaboração objetivante (que Amália quer dizer que tem uma amiga que mora na Alemanha e traz bonecas articuladas e Amália brinca sempre com elas, porque é só o que sabe fazer, apesar de ter 13 anos), deixaríamos de lado o saber que Amália traz. A intervenção de Clarissa encobre, obstrui com um conhecimento parcial, ainda que não falso (a amiga da Alemanha, as bonecas articuladas), a emergência do saber de Amália: "Estou desarticulada, não posso juntar-me, não tenho quem especularmente me devolva minha unidade".[2]

O conhecimento de Clarissa obscurece o saber de Amália. Tenta cobrir a significação e a mensagem trazidas pelas palavras anteriores de Amália, marcando-as como uma incoerência, como algo que precisa ser explicado. Em seguida, Clarissa toma a palavra novamente, para assinalar erros de seu irmão mais moço, mostrando-o como um mau *aprendente,* enquanto Amá-

---

[2] Os pais, simultaneamente, em outro consultório, estavam falando do espelho. Ver "Cena-lembrança", Capítulo 11.

lia tenta compreender a atitude criticada, dizendo: "Confundiu-se". Clarissa julga, Amália compreende.

A partir daí começa a história das pombas, que é lembrada por Hugo e Amália. Amália "denuncia" com seu sintoma a situação do grupo familiar, mas, por sua vez, tal "denúncia" ataca os instrumentos que lhe valeriam para fazê-la comunicável. A presença de Hugo lhe permite, de algum modo, que seja ouvida. E também, ao final da entrevista, ela procura a aliança (?) com Hugo, quando lhe diz: "Tu não falas, nenê?".

A história das pombas, dentro do contexto do discurso grupal, aparece como uma fratura. Em geral, o sintoma mostra e oculta, apresenta-se como uma irrupção do inconsciente no discurso lógico. Hugo diz: "Fomos à praça e trouxe uma pomba". Amália acrescenta: "Não conseguia subir com as outras pombas, depois subiu e as outras não queriam deixar". Magnífica metáfora da oligotimia. Obviamente, existe uma base orgânico-corporal que possibilita (impossibilita) a esse sujeito que seja ele, em lugar de outro integrante do grupo familiar, quem denuncie sintomaticamente o segredo indizível da família, mas o nível orgânico não é o determinante.

A pomba, a princípio, não podia subir como as outras, estava menos equipada, ou equipada de maneira diferente. A princípio, algo condicionava a pomba para que não pudesse-quisesse voar como o resto. Isto é, o substrato orgânico-corporal (transversalizado pela história, pela inteligência e pelo desejo) apresentava certas características que faziam que, a esta pomba, custasse mais que às outras voar (ou talvez necessitasse voar de outra maneira). Mas em um determinado momento, quando a pomba quis voar como as outras, já as outras haviam se "acostumado" a que essa pomba não voasse, e não a deixavam voar.

Amália está contando, através da história das pombas, sua própria história. Clarissa, neste relato, apresenta-se da mesma maneira que perante a enfermidade de Amália, tratando de trazer as explicações "lógicas" – que estava ferida, que a levaram para casa – privilegiando a transmissão dos fatos, o que nos dificultava escutar o drama que Amália nos expressava com a ajuda de Hugo.

"E tu, por que não falas, nenê?", suplica Amália a Hugo, quando as terapeutas perguntam o que pensaram quando souberam que deviam ir todos ao Hospital. Clarissa responde que soube no mesmo dia em que a mãe recebeu a convocação. Clarissa "não necessita" do conhecimento para saber, poder-se-ia dizer que no mesmo instante em que a mãe está recebendo a informação, ela já se inteirou. No momento em que Clarissa explicita essa modalidade de circulação do conhecimento entre ela e sua mãe, Amália dirige-se ao irmão: "E tu, por que não falas, nenê?". Hugo participa da circulação do conhecimento dentro do grupo familiar, de maneira diferente. Diz: "Mamãe me avisou que viríamos, para que eu avisasse que ia faltar". Recebeu certa informação, ainda que parcial, que lhe permitiu prevenir sua ausência na escola.

Clarissa quase não necessitou ser informada. Hugo recebe uma informação parcial, mas, na entrevista, antes de responder à pergunta de Amália, volta a trazer o tema do incorporar (através da menção ao gravar) – reter –vomitar – apagar o aprendido, "porque fica feio", esclarece Amália.

O jogo de pares excludentes é estabelecido entre Clarissa e Amália. Hugo está um pouco mais de fora. Talvez, para que exista alguém que ocupe o lugar do saber, seja preciso que haja outro de quem tirá-lo. Hugo soube porque a mãe o avisou. Amália, a partir do que Hugo enuncia, tem a possibilidade de dizer: "Eu soube quando cheguei aqui". Por outro lado, observamos nesta entrevista que Amália pergunta, manifesta uma atitude de curiosidade, está "atenta" ou "desatenta" conforme os temas tratados. O tipo de atitude frente ao conhecimento, por exemplo a curiosidade, o perguntar, o tratar de saber, estar atento, participar do discurso geral desde o saber não é típico da oligofrenia, nem do problema de aprendizagem-sintoma. O problema de aprendizagem-sintoma, em geral, obstrui o aprender. Mas uma oligotimia não se estrutura sobre uma neurose-problema de aprendizagem, mas sobre uma estrutura psicótica, uma estrutura confusa que permite mostrar uma atitude de maior curiosidade, ainda sem esperar resposta.

A posição de Amália no discurso fraterno descarta a possibilidade de oligofrenia, mostrando-nos alguns processos da construção da oligotimia.

Cena lembrança-ausência da criança-problema
(família sem o paciente)

Pai: "Difícil, porque sempre está Amália".
Mãe: "Quando está confusa, fala mais forte e confusa".
Pai: "Ela também quer estar".
Clarissa: "Quando ela está no colégio...".
Mãe: "Estamos doentes, preocupados, vemos que tem 12 anos, e o que tem de estragada esta cabecinha, não quero nada do outro mundo, mas que tenha maturidade".
Clarissa: "Meu pai dorme porque trabalha de noite. Minha mãe faz as coisas da casa. Eu faço os deveres, e ele (Hugo) também". (A psicopedagoga sugere que desenhem a cena.)

Mãe: "Eles dividem mais as coisas estando sós. Não podem mantê-la participando da conversação toda, por exemplo".
Pai: "Se eu sento, tenho sempre algum sobre as pernas".
Mãe: "Clarissa rechaça Amália porque não podem falar de igual para igual. Hugo pede ajuda à Clarissa, a faz de professora".
Pai: "É coisa de todos os meninos...".
Mãe: "As meninas gostam dele. Estamos na expectativa de que não vão sós. Levo-os à praça. Hugo é o galã. Clarissa está orgulhosa de Hugo".
Pai: "Eu sou quiosqueiro, trabalho à noite e durmo pela manhã".
Mãe: "Eu faço de pai e mãe...". "É como se nós fôssemos uma esponja e estivéssemos empapados de Amália". (Clarissa e o pai sentam-se mais próximos, e por outro lado Hugo e a mãe).
Pai: "Desenhem vocês".
Mãe: (para Hugo): "Desenha J. (o pai)".
Clarissa: (aproximando-se da escrivaninha para desenhar): "Aqui é Amália".
Mãe: "Mas Amália não, ela não".
Pai: "Não te esqueças do papagaio. Amália o trouxe...".
Mãe: "Faz J". (o pai).
Pai: "Hugo e tu não desenham" (bocejando).
Clarissa: (pergunta à mãe): "Aqui o que é, o espelho?".
Hugo: "Eu vou desenhar o papagaio, quando o colocamos ao lado do espelho".
Clarissa: "Eu o faço".
Em síntese: Hugo desenhou o pai e a mãe. E, enfim, em última análise, a si mesmo. Clarissa desenhou o papagaio. O pai e a mãe não desenharam.
Enquanto estão desenhando, estabelece-se um diálogo entre Clarissa e o pai, que não conseguimos escutar. Logo:
Clarissa: "O diálogo é sempre assim. Eu digo: tirei 9,5, e papai diz: por que não dez?".
Pai: "Tudo o que eu não pude, eles têm que poder. Eu não exijo, mas se uma pessoa pode tirar 10, por que tirar menos?".
Mãe: "Uma pessoa não pode ser sempre dez".

Pessoa aprendendo (ver desenho página 260)

Comentários de Amália enquanto desenha: "Que aprende o quê? Eu não sei fazer bem os desenhos".
"É uma menina... não sei como se chama. Está parada".

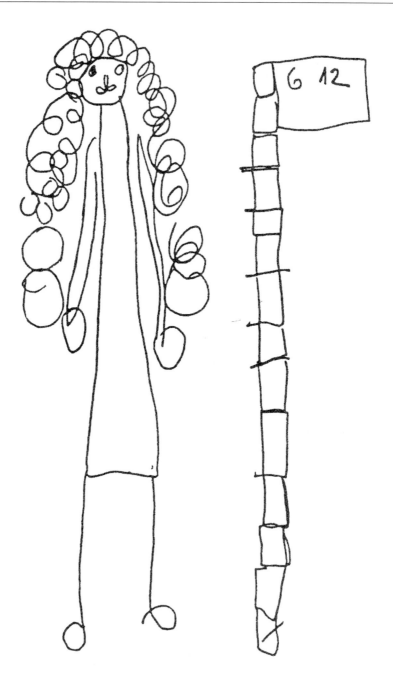

Pessoa aprendendo (Amália)

"Não sei, não me sai, é difícil, não me sairia. Está atravessando a rua, está esperando a mãe que foi em casa buscar alguma coisa em casa. Pensa que a mãe não vem porque está demorando muito."

"Aqui é onde se espera." (Enquanto isso, desenha algo: poderia ser o poste da parada ou o metro para medir-se?)

"Me disseste que desenhasse uma família que aprende?"

"Está aprendendo a andar sozinha, está esperando para ir à escola. A mãe lhe ensinava que se deve descer na próxima parada."

Algumas verbalizações de Amália na segunda sessão de tratamento[3]

"Na festa de meu aniversário (foi meu aniversário de 13 anos). Na festa, minha irmã meteu uma menininha de 2 anos em um caixão. Já era grande para isso, tinha 2 anos. A menina ficou ali."

Desenha e diz: "Vês, seus pés não entravam (desenha uns barrotes). Está presa, quer escapar, é uma menina, grita e grita: "Quero sair". "Não, não, lhe dizem, porque se comportou mal". Ela nos diz que vai escapar e está fechado com cadeado e não pode escapar. Vai sair por uma janela, vai fazer um buraco no teto para escapar".

Amália iniciou seu tratamento, achou uma "janela por onde escapar" à prisão, ao *atrape* de suas possibilidades de aprender, de sua inteligência. Encontrou uma escuta para seu saber. Poderá alcançar o conhecimento? Este é o nosso desafio.

Existem muitas Amálias, a algumas das quais poderemos chegar através da psicopedagogia clínica, e a outras a partir de uma tarefa de saneamento na instituição educativa e de prevenção em saúde mental.

Mas a outras, como a Mariana (a quem dedico este livro), para quem foram outros os carcereiros que a tiraram de seus pais junto com o conhecimento de sua origem, a voz da psicopedagogia não consegue mais do que enunciar um protesto.

---

[3] Ver desenho página 6.